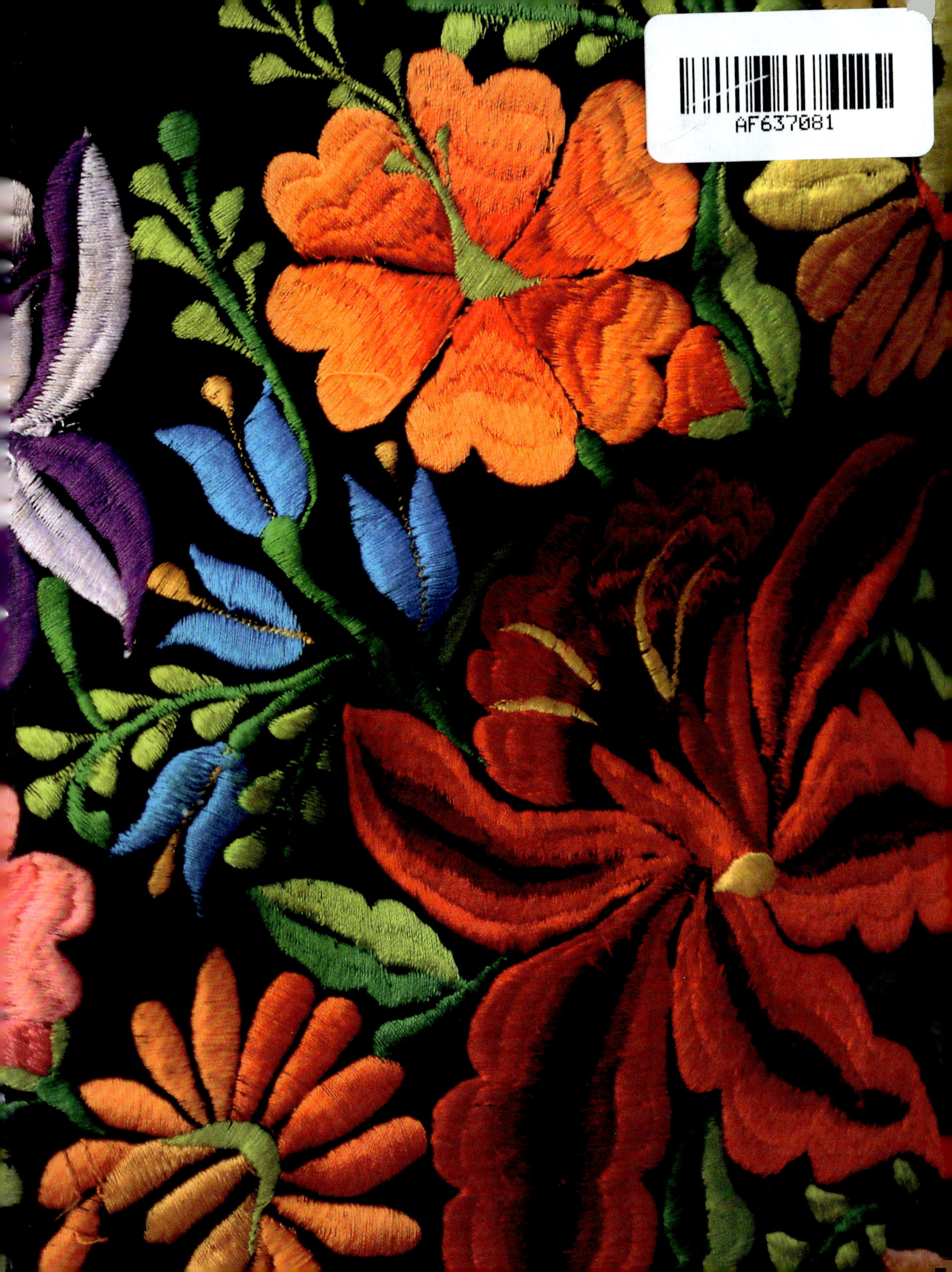

aszinationfaszinationfaszina

nfaszinationfaszinationfasz

Auf die Lieben, die dich verstören,
und diejenigen, die dich heilen
(M. C.)

Faszination

FRIDA KAHLO

LEBEN, LEIDENSCHAFT UND STIL EINER MODEIKONE

Eden Books
Ein Verlag der Edel Verlagsgruppe GmbH

Edel Verlagsgruppe GmbH, Neumühlen 17, 22763 Hamburg
www.edenbooks.de
1. Auflage 2022

Texte: Massimiliano Capella
Grafikdesign: Studio Dispari, Mailand
Übersetzung, Lektorat, Satz: Rotkel. Die Textwerkstatt
Umschlagadaption: Rosanna Motz
Druck und Bindung: optimal media GmbH, Glienholzweg 7, 17207 Röbel/Müritz
ISBN 978-3-95910-363-3

Printed in Germany

Eden Books unterstützt bei der Produktion dieses Buches das Projekt »Junge Riesen für die nächsten 100 Jahre«. Damit wird ein Anteil der unvermeidbaren CO_2-Emissionen im direkten Umfeld des Produktionsstandortes kompensiert.

MASSIMILIANO CAPELLA

Faszination

FRIDA KAHLO

LEBEN, LEIDENSCHAFT UND STIL EINER MODEIKONE

Eden
BOOKS

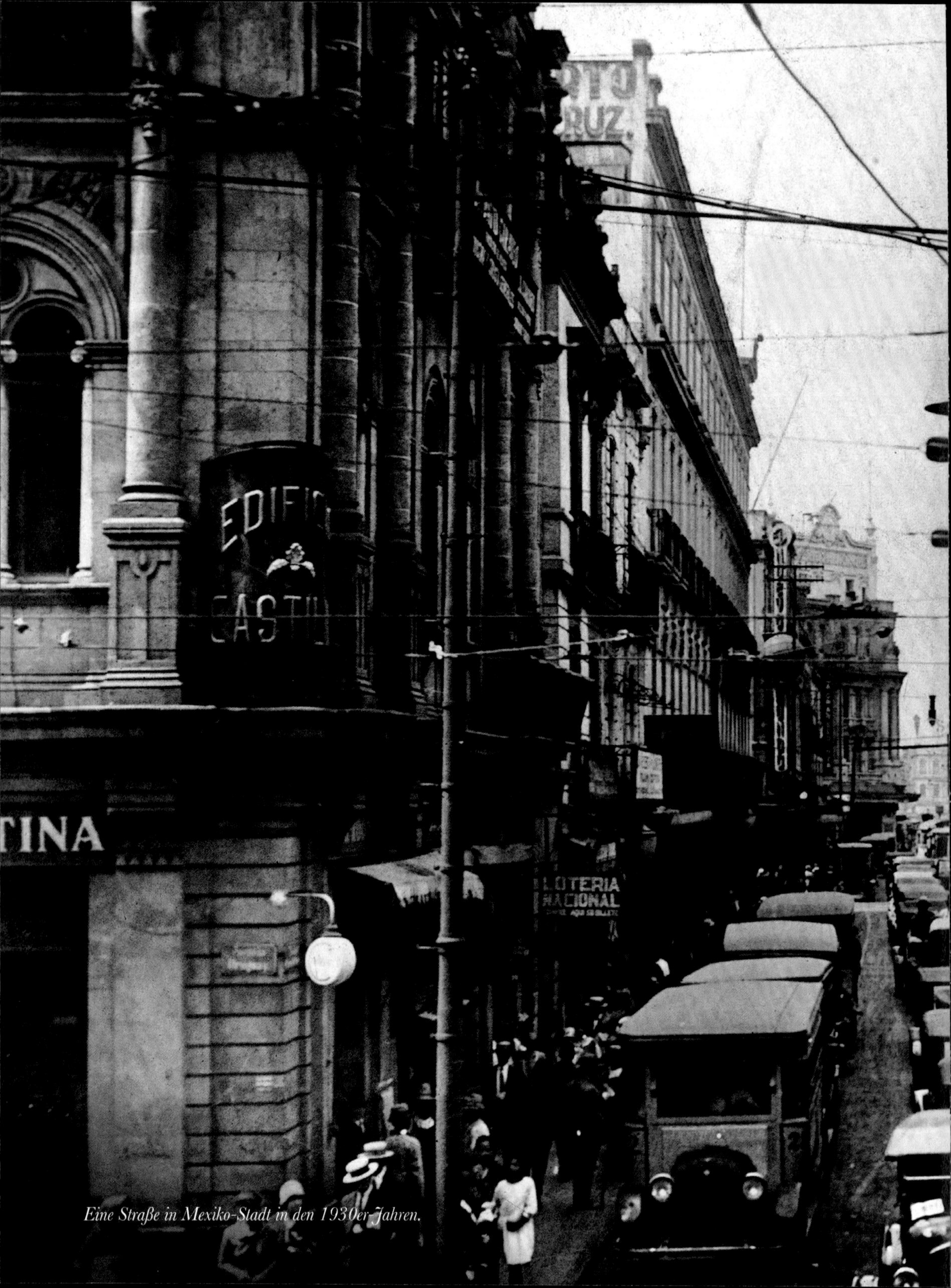

Eine Straße in Mexiko-Stadt in den 1930er-Jahren.

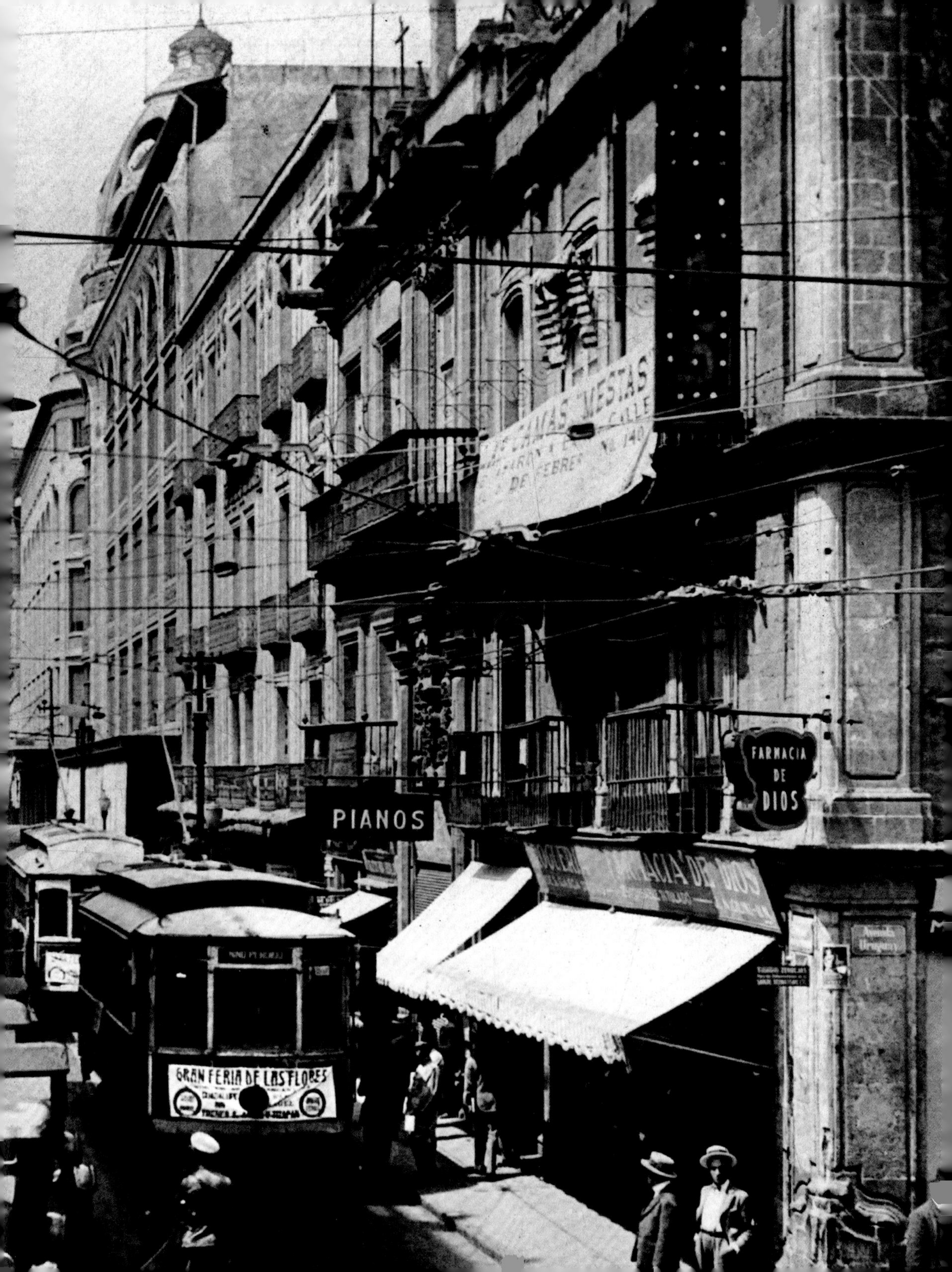
PIANOS
FARMACIA DE DIOS
GRAN FERIA DE LAS FLORES

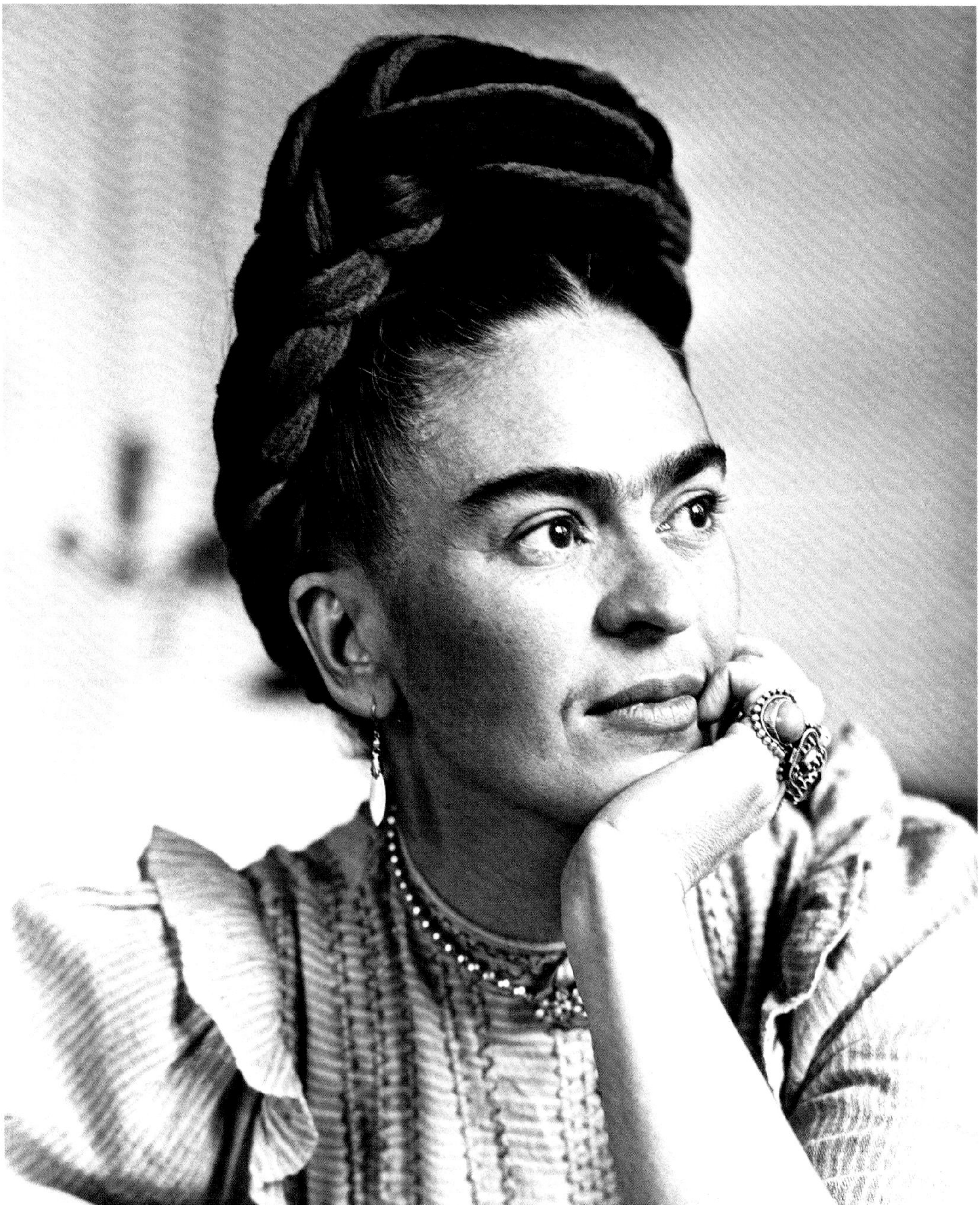

»Ihr Leben
darin, Liebe
ein Bad zu
und erneut
zu

bestand
zu machen,
nehmen
Liebe
machen.«

Hayden Herrera
aus *Frida Kahlo,* The Biography Channel,
Dokumentation, 2004

»Ich bin Liebe.
Ich bin Genuss.
Ich bin Essenz.
Ich bin eine Idiotin.
Ich bin eine Alkoholikerin.
Ich bin hartnäckig.
Ich bin; ich bin einfach.«

Frida Kahlo
(aus einem nie abgeschickten Brief an Diego)

Biografie

Magdalena Carmen Frida Kahlo y Calderón wird am 6. Juli 1907 in Coyoacán geboren, einem Bezirk von Mexiko-Stadt. Als glühende und stolze Gegnerin der Diktatur von General Díaz behauptet sie später gern, im Jahr des Beginnes der mexikanischen Revolution, 1910, geboren worden zu sein, wodurch sie sich noch mehr als Kind des kommunistischen und revolutionären Landes fühlt, dem sie so innig verbunden ist. Sie geht wegen ihres tragisch-bewegten Lebens in die Geschichte ein. Bereits im Alter von sechs Jahren erkrankt sie schwer, wohl aufgrund einer Spina bifida (damals glaubt man an einen Fall von Kinderlähmung), wodurch ihr rechtes Bein und ihr rechter Fuß sehr dünn und empfindlich werden. Da beginnt sie, ihre körperlichen Mängel mit Männerhosen, die sie aus dem Schrank ihres Vaters stibitzt, und mit langen Röcken nach mexikanischer Tradition zu verdecken. Auf diese Weise erzeugt sie ein Bild, das mit dem Kontrast zwischen männlich und weiblich spielt, wie es in den folgenden Jahrzehnten zum Modetrend wird. Fridas Stil ist bereits in den frühen 1920er-Jahren einzigartig, aber zahm im Vergleich zu dem, was später folgt. In diesen Jahren liegt ihre künstlerische Berufung jedoch noch in weiter Ferne: Frida will Ärztin werden und wird 1922, im Alter von nur 15 Jahren, an der Escuela Nacional Preparatoria aufgenommen, der renommiertesten weiterführenden Schule Mexikos. Das leidenschaftliche, lebendige und kommunistisch geprägte akademische Klima gefällt der jungen Frida, die sich dort sehr wohlfühlt und, ohne zu zögern, der nationalsozialistischen Studentenbewegung, den *Cachuchas,* beitritt. Hier lernt sie auch ihre erste Liebe Alejandro Gómez Arias kennen, in dessen Begleitung sie am 17. September 1925 den schrecklichen Verkehrsunfall hat, der ihr Leben für immer verändert. Nach 22 Operationen ist sie jahrelang ans Bett gefesselt, und die Einsamkeit und Isolation, die mit der langen Rekonvaleszenz einhergehen, bringen sie der Literatur und der Malerei näher: Sie porträtiert sich selbst, koloriert ihre Gipsbüsten, malt ihr Unglück, ihre Ängste und ihr Leiden. Inmitten der Laken entsteht und reift der Mythos Frida und vor allem ihre künstlerische Vision, die untrennbar mit ihrem eigenen Leben verbunden ist. Diese Kunst, mit der sie ihren Lebensunterhalt verdienen will, gibt ihr den Anstoß, nach vier unendlich langen Jahren der Rekonvaleszenz endlich aufzustehen und der Kommunistischen Partei Mexikos beizutreten. Frida legt ihre Werke dem berühmtesten mexikanischen Künstler Diego Rivera vor, der sich in ihre Pinselstriche

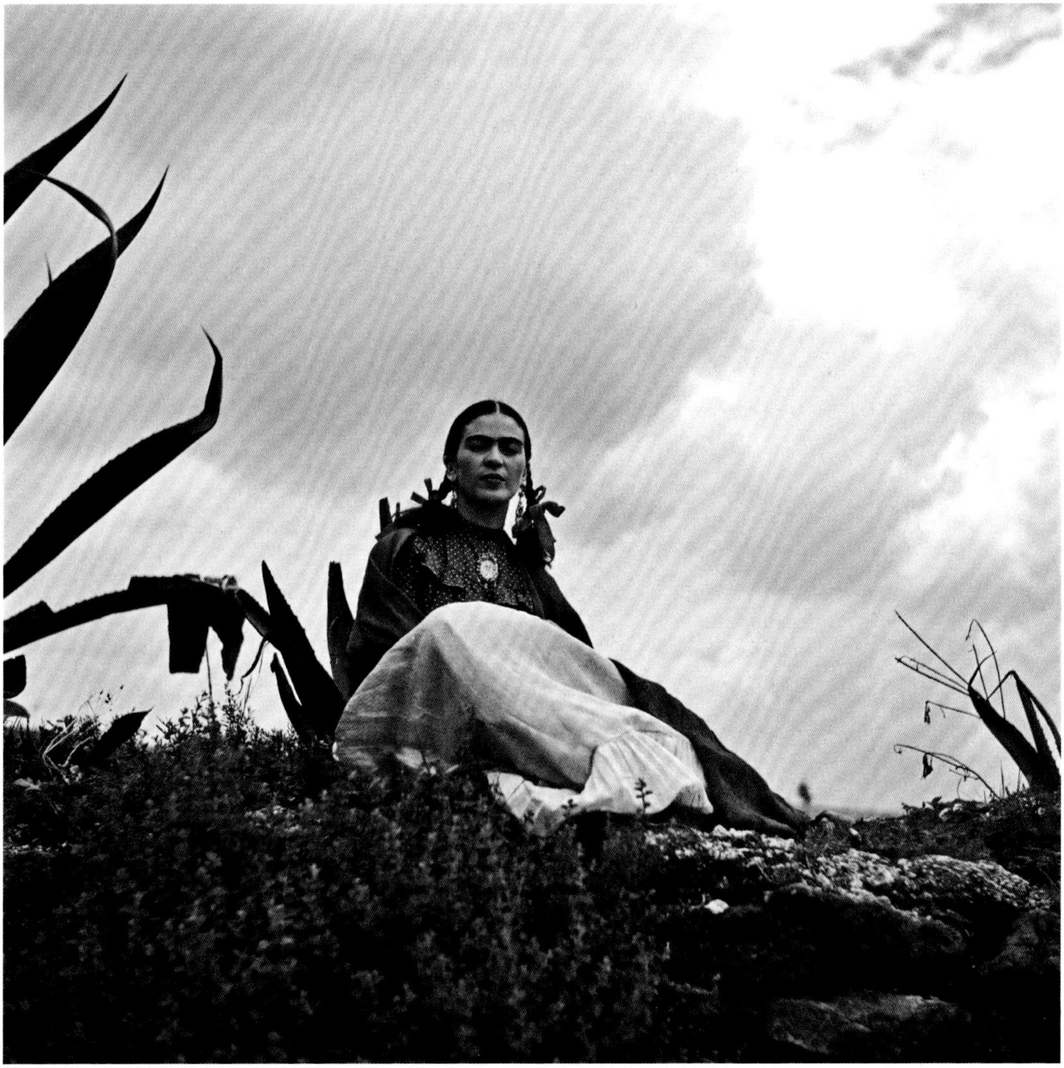

1937. Frida, fotografiert von Toni Frissell für die amerikanische Vogue.

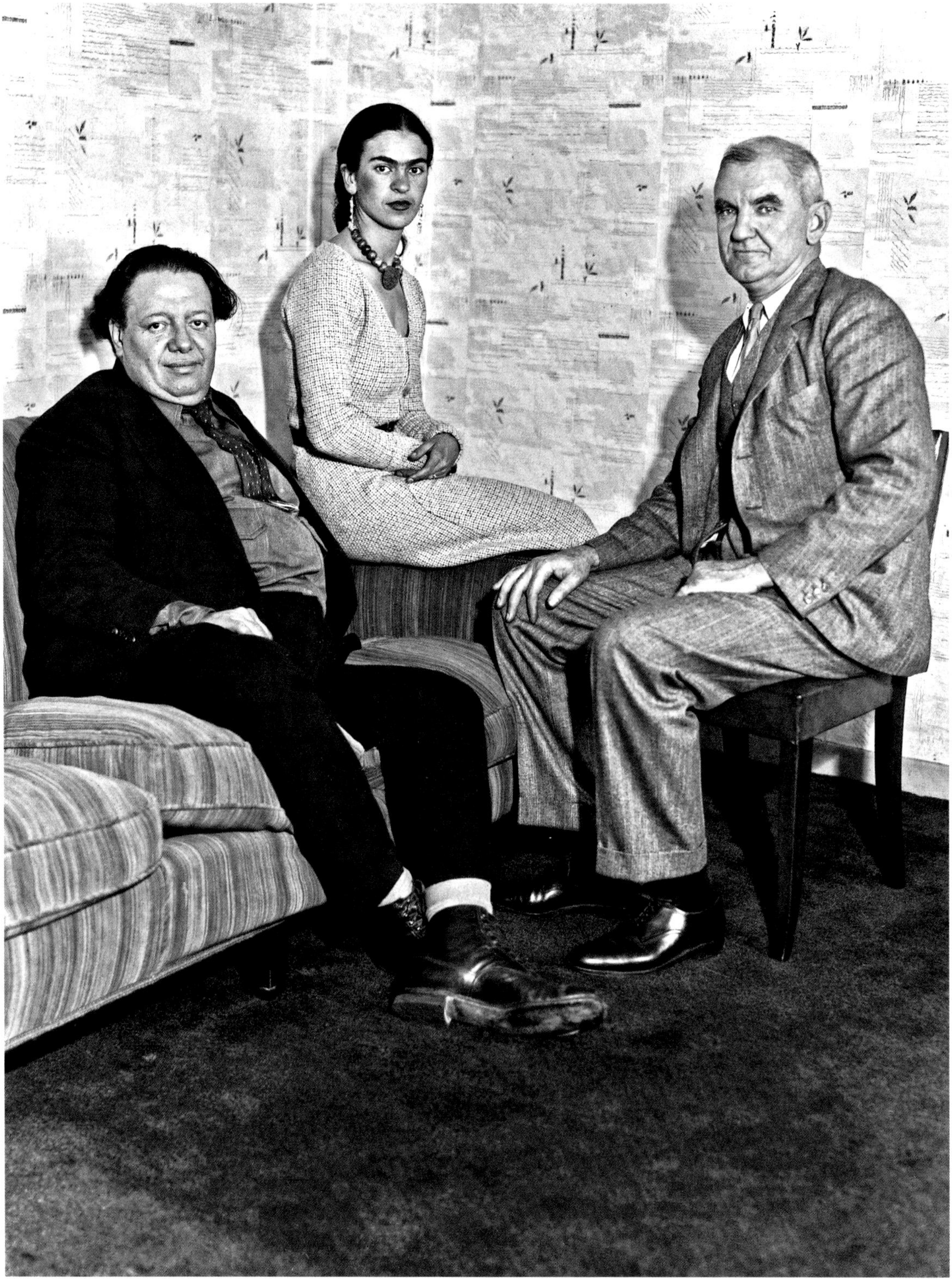

und unausweichlich auch in sie verliebt. Die beiden heiraten 1929, und für Frida, die bis dahin nie über das Zentralplateau Mexikos hinausgeblickt hat, beginnt ein neuer Lebensabschnitt voller Reisen und Begegnungen. 1930 ist sie in San Francisco, danach in New York und 1932 in Detroit. Weit entfernt von der ursprünglichen mexikanischen Volkskultur erkundet sie die modernen und chaotischen Metropolen Amerikas, besucht Kinos, Theater und Ausstellungen, vergisst dabei aber ihre Herkunft nie. Als sie zum Beispiel 1932 mitten im Winter im Central Park einen Journalisten trifft, trägt sie ein traditionelles kurzärmeliges mexikanisches Bauernkleid aus Baumwolle und den unvermeidlichen traditionellen *Rebozo.* Fridas indigenem Stil kann niemand widerstehen, auch nicht Rosamond Bernier und Edna Woolman, die Herausgeberin und Chefredakteurin der amerikanischen *Vogue,* oder Clare Boothe Luce, die Herausgeberin der *Vanity Fair.* Von Fridas Persönlichkeit fasziniert, gibt Boothe Luce 1938 das Gemälde *El suicidio de Dorothy Hale* (*Der Selbstmord von Dorothy Hale,* Phoenix Art Museum) in Auftrag. 1940 kauft sie das berühmte *Autorretrato dedicado a León Trotsky* (*Selbstporträt, Leo Trotski gewidmet,* 1937, Washington D. C., National Museum for Women in the Arts). Es ist eines der repräsentativsten Werke Fridas, auch wegen der Darstellung des *Tehuana*-Kleidungsstils, von dem die amerikanischen »Gringas« bei ihr so fasziniert waren.

13. November 1931, New York. Frida, westlich gekleidet und mit ihrer geliebten grünen Edelsteinkette, neben Diego Rivera (links) und Anson Conger Goodyear, Präsident des MoMA, anlässlich der Vorbereitung einer Ausstellung der Wandmalereien ihres Mannes.

Auf der folgenden Seite: 1941. Edna Woolman Chase, Chefredakteurin der amerikanischen Vogue, *interviewt von Mela Underwood für NBC Radio.*

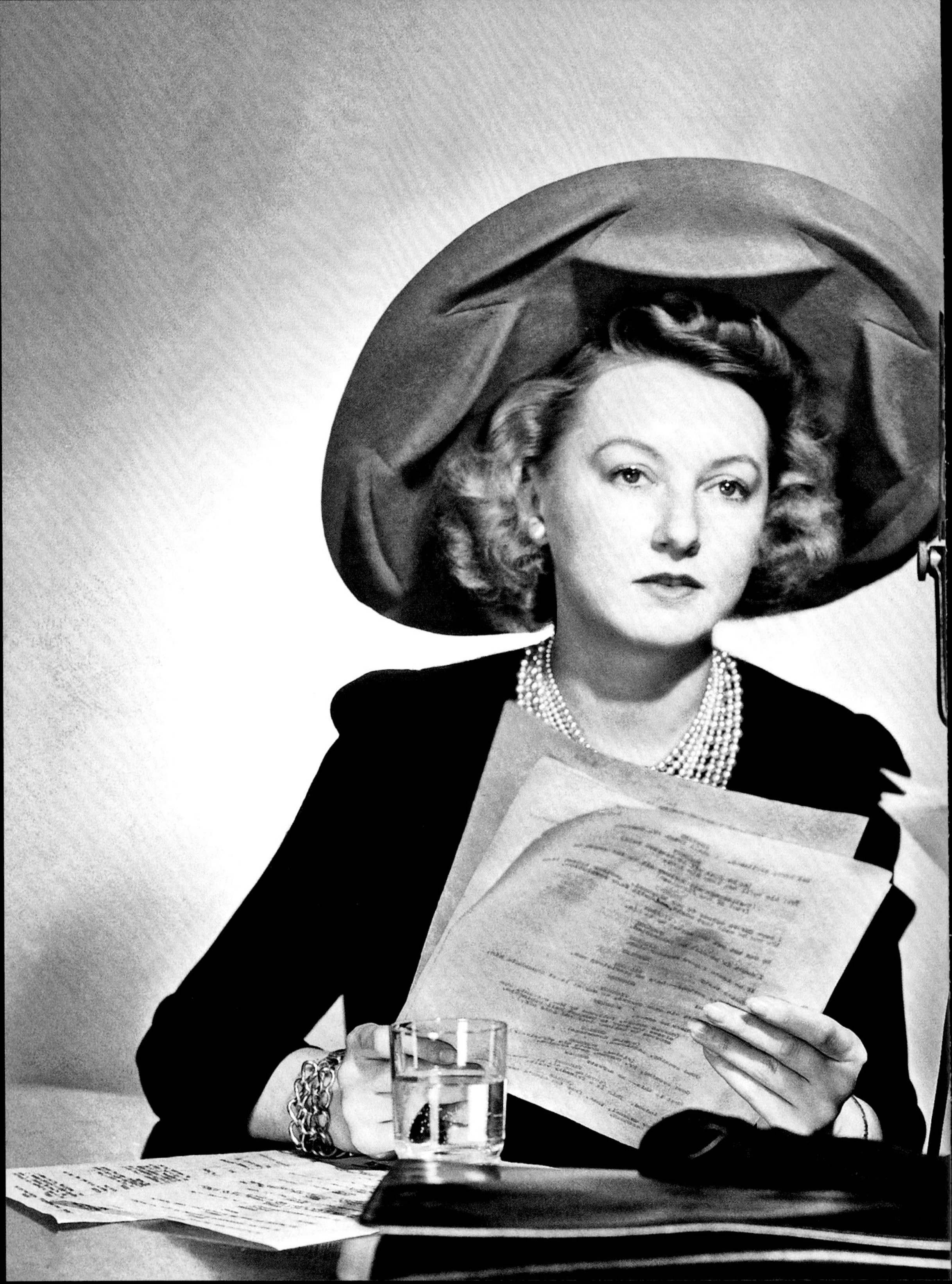

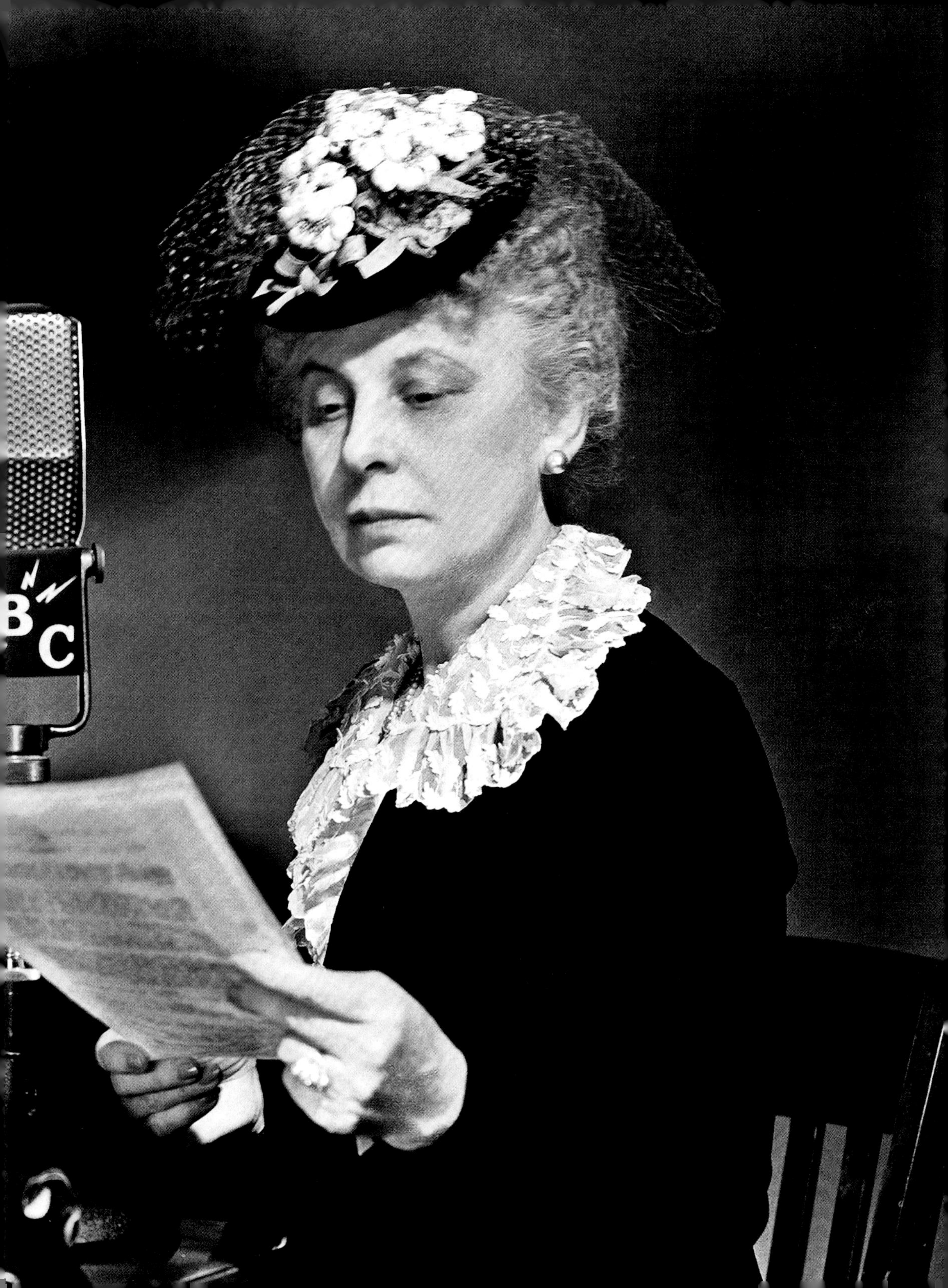
BBC

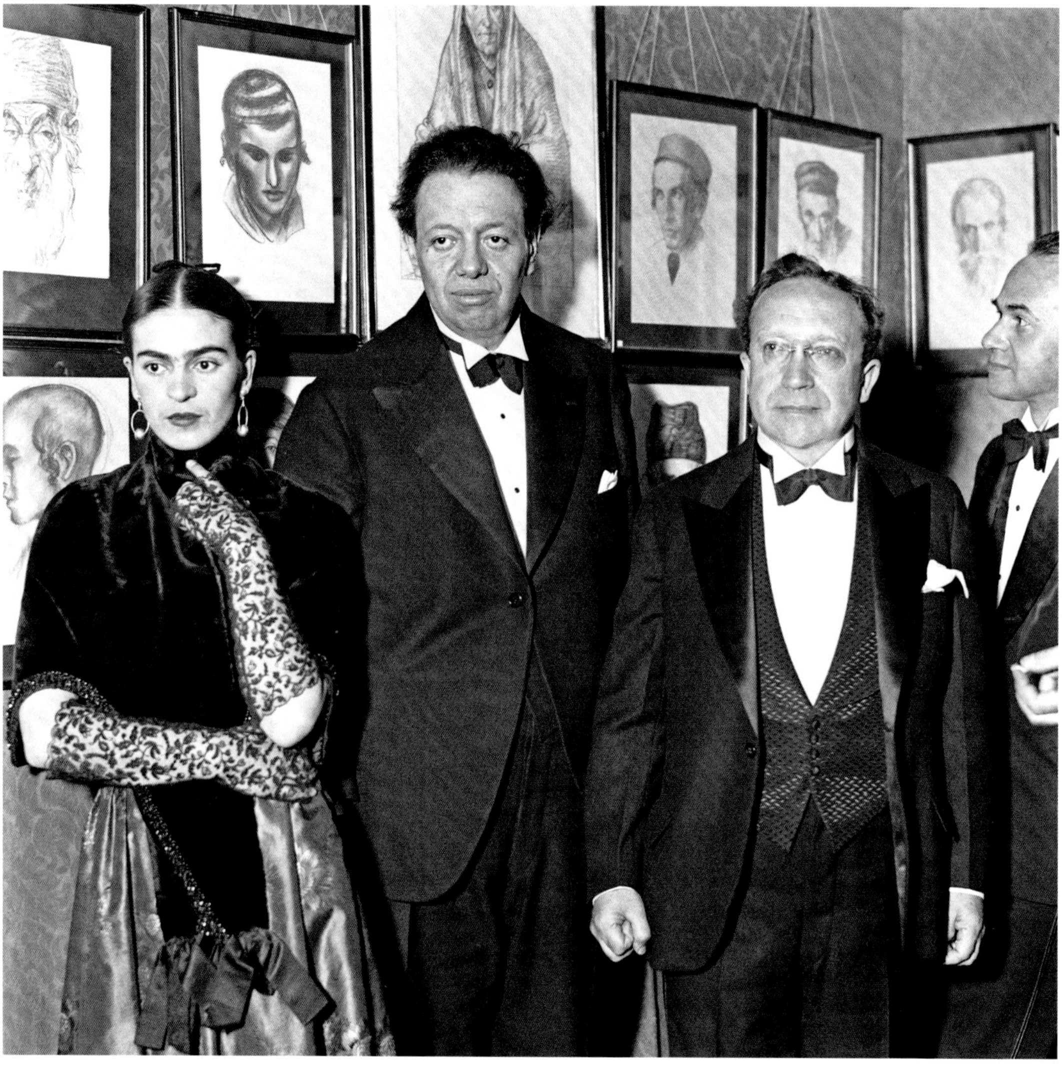

10. Mai 1933. Frida mit Diego und einigen Freunden im Hotel Park Crescent in New York anlässlich des Menorah Journal Dinner. Vor der Veranstaltung besuchten die Gäste eine Ausstellung mit Gemälden des in New York lebenden jüdischen Künstlers Lionel Reiss.

Frida und Mexiko sind untrennbar miteinander verbunden, das Nest-Atelier der Casa Azul bleibt deshalb auch der ideale Ort für sie, um kreativ zu sein und sich auszudrücken. Eben hier beherbergen Frida und Diego zwischen 1937 und 1938 Leo Trotzki und den surrealistischen Künstler André Breton, die bei dieser Gelegenheit Fridas Künstlerpersönlichkeit kennenlernen – folgerichtig beschreibt Breton ihre Malerei in der Einleitung zum Katalog ihrer ersten Einzelausstellung als »eine Schleife um eine Bombe« (November 1938, New York, Julien Levy Gallery). Und nicht nur ihre Kunst, auch ihre Erscheinung ist explosiv. So zumindest verewigt Julien Levy sie 1938, wiederum in New York, in einer Reihe von Fotografien, auf denen sie ihre fantasievollen Frisuren barbusig und dadurch auf faszinierende und gleichzeitig naive Art präsentiert.

Frida verführt, Frida fasziniert, und sie ist mit ihrem zeitlosen Stil bereits für viele ein Vorbild, als Breton sie ein Jahr später einlädt, in Paris 18 Werke bei der Ausstellung *Mexique* (Galerie Renou & Colle) zu präsentieren, neben präkolumbianischen Artefakten, mexikanischen Gemälden aus dem 18. und 19. Jahrhundert, volkstümlichen Gegenständen und Fotografien von Manuel Álverez Bravo. Für Frida ist es die internationale Weihe, die Aufnahme in den Olymp der Kunst: Picasso, Miró, Kandinsky und Tanguy bringen ihre große Bewunderung für diese junge Frau zum Ausdruck, die von so weit herkommt und nicht als »Surrealistin« bezeichnet oder in eine begriffliche Definition eingesperrt werden will, wie es in Paris üblich ist. Hier trifft Frida auch auf Elsa Schiaparelli, die ihr, fasziniert von Fridas Stil und Look, eine persönliche Kreation widmet: die *Robe Madame Rivera.*

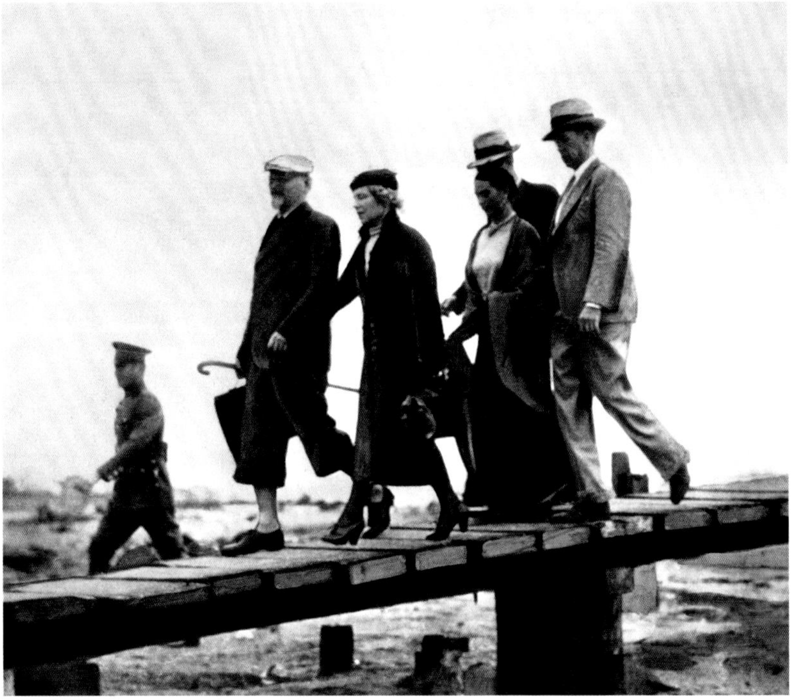

9. Januar 1937. Leo Trotzki, begleitet von seiner Frau Natalia Sedova, wird bei seiner Ankunft in Mexiko-Stadt von Frida in Empfang genommen.

Die Modewelt verliebt sich in diese Erscheinung, die selbst nicht Teil der Welt der Mode ist. Die amerikanische *Vogue* veröffentlicht ein Fotoshooting von André Durst (*Lust for Lamè,* 1. Oktober 1936), bei dem ein Model eine Kreation von Elsa Schiaparelli mit einer von Frida inspirierten Frisur trägt. Und ebenfalls für die amerikanische *Vogue* wird Frida von Toni Frissell gemeinsam mit anderen mexikanischen Damen für einen Bericht von Alice-Leone Moats fotografiert (*Señoras of Mexico,* 1. Oktober 1937).

Mit der Beharrlichkeit und Überzeugung, die allen ihren Entscheidungen eigen ist, nähert sich Frida 1942 der akademischen Welt an und beginnt, an der Akademie der Künste La Esmeralda zu unterrichten. Sie regt ihre Studierenden – *Los Fridos* – dazu an, in absoluter Ausdrucksfreiheit zu malen. Erst 1953 steht ihr bildnerisches Schaffen zum ersten Mal im Mittelpunkt einer Ausstellung in ihrer Heimat (Galería de Arte Contemporáneo). Es bleibt die einzige mexikanische Einzelausstellung zu ihren Lebzeiten, denn die körperlichen Schmerzen, gegen die sie ihr Leben lang gekämpft hat, überwältigen sie nun: 1953 wird ihr ein Bein wegen fortgeschrittenen Wundbrandes amputiert, 1954 stirbt sie im Alter von 47 Jahren an einer Lungenembolie. Ihre persönlichen Besitztümer werden auf Geheiß ihres Mannes in ihrem Schlafzimmer versiegelt und kommen erst im

April 2004 wieder ans Licht – endlich kann die Welt Fridas bunte, farbenfrohe Wunderwerke mit eigenen Augen sehen, nicht mehr nur auf Porträts und zeitgenössischen Fotos. Neben Briefen und Dokumenten tauchen in ihrer Garderobe in der Casa Azul Medikamente, orthopädische Prothesen und mehr als 300 persönliche Kleidungsstücke auf. Unter den Schmuckstücken befindet sich auch einer der handförmigen Ohrringe, die Picasso ihr 1939 in Paris geschenkt hat.

»Frida ist die Verkörperung des nationalen Glanzes.«

Diego Rivera
aus Fashion Notes, *Time*, New York, 3. Mai 1948

1939. Frida in San Francisco.

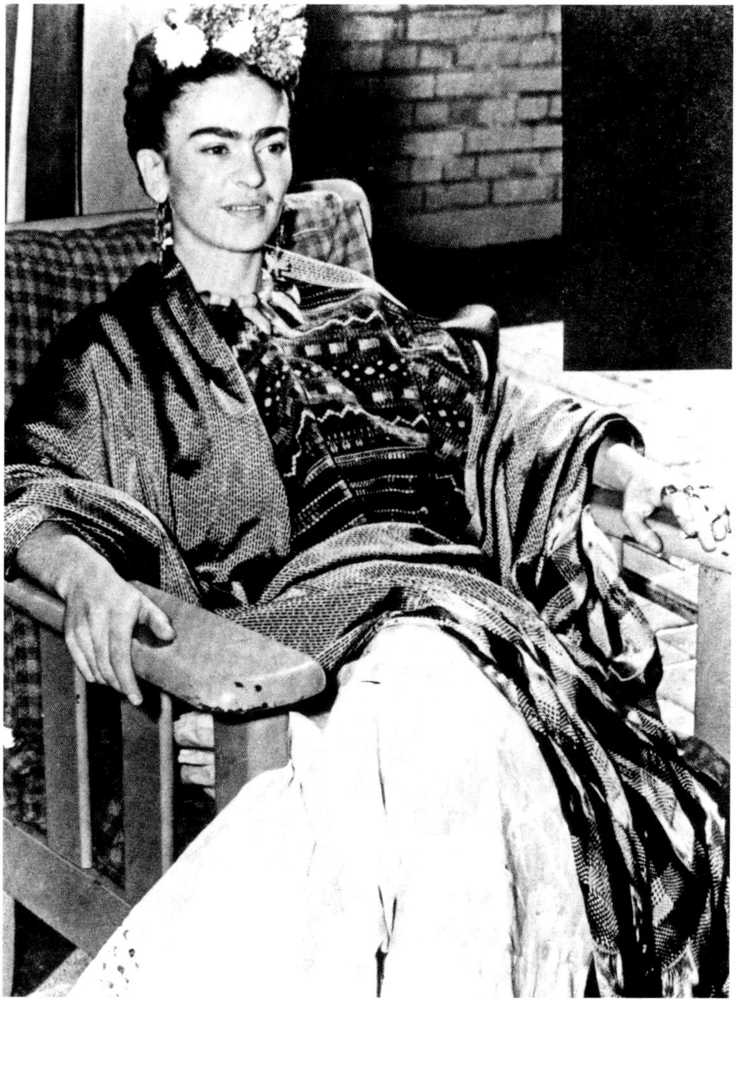

»Ich bin verrückt wie immer und gewöhne mich langsam an diese alten Klamotten. Inzwischen versuchen einige Gringas, mich nachzuahmen und sich anzuziehen wie Mexikanerinnen, aber diese armen Dinger sehen aus wie Kohlköpfe; ehrlich gesagt sehen sie wirklich schrecklich aus.«

Frida Kahlo
(aus einem Brief an Isabel Campos, 16. November 1933)

Der Stil der Epoche

New York, 1929. Mit dem Zusammenbruch der Börse enden die glanzvollen Zwanziger, und eine ganze Ära großer künstlerischer und kultureller Experimente geht zu Ende. Der Wandel, nicht nur in der Wirtschaft, ist drastisch, und die Auswirkungen auf den alten Kontinent lassen nicht lange auf sich warten. In Paris gehen die »*Années folles*« (Verrückten Jahre) zu Ende, die es einer »verlorenen Generation« von Künstlern und Kreativen erlaubt haben, die Gesellschaft umfassend stilistisch und künstlerisch zu revolutionieren. Selbst die Mode entgeht den Umwälzungen nicht, auch nicht in Frankreich, obwohl man dem Exporteinbruch trotzt und dank einer geschickten Diversifikation der Produktion eine gewisse Führungsposition auf dem internationalen Markt aufrechterhält, durch die die Nachfrage einer kleinen Elite der sehr Reichen und einer breiteren Schicht des Klein- und Mittelbürgertums nach *Prêt-à-porter*-Mode bedient werden kann. Der Status der französischen Mode ist jedoch keineswegs unangefochten. Im Zuge der Krise können Großbritannien und die Vereinigten Staaten auf dem Markt Fuß fassen und mit ihrer nationalistischen Politik die Entwicklung einer eigenständigen Kreativbranche anstoßen, die eher auf praktische und sportliche Kleidung setzt. Zum ersten Mal muss sich Paris, die Wiege der raffinierten und tadellosen *Haute Couture,* mit bequemer und funktionaler Mode auseinandersetzen: Die Französin wird vom *petit noir* verzaubert, dem kleinen Schwarzen, das 1926 von der amerikanischen *Vogue* in *Chanel-Ford* umgetauft wird. Mit diesem modernen Entwurf führt Madame Coco die Farbe Schwarz und das kurze Kleid ganz unbefangen in die Abendmode ein. Man bevorzugt grundsätzlich eine geschwungene Linie, mit Röcken, die bis zur Mitte der Wade reichen – wie vom französischen Schneider Jean Patou (1880–1936) zuerst entworfen –, und mit voluminösen Ärmeln, die die Schultern betonen. Für den Abend überwiegen neben Chanels kleinem Schwarzen zart drapierte Kleider aus Taft, Tüll, Chiffon und auserlesenen Stoffen aus Seide, Wolle und Kaschmir,

1926. Das Model Suzanne Hanglen, fotografiert von Edward Steichen, in einem von Jean Patou entworfenen sportiven Kleid.

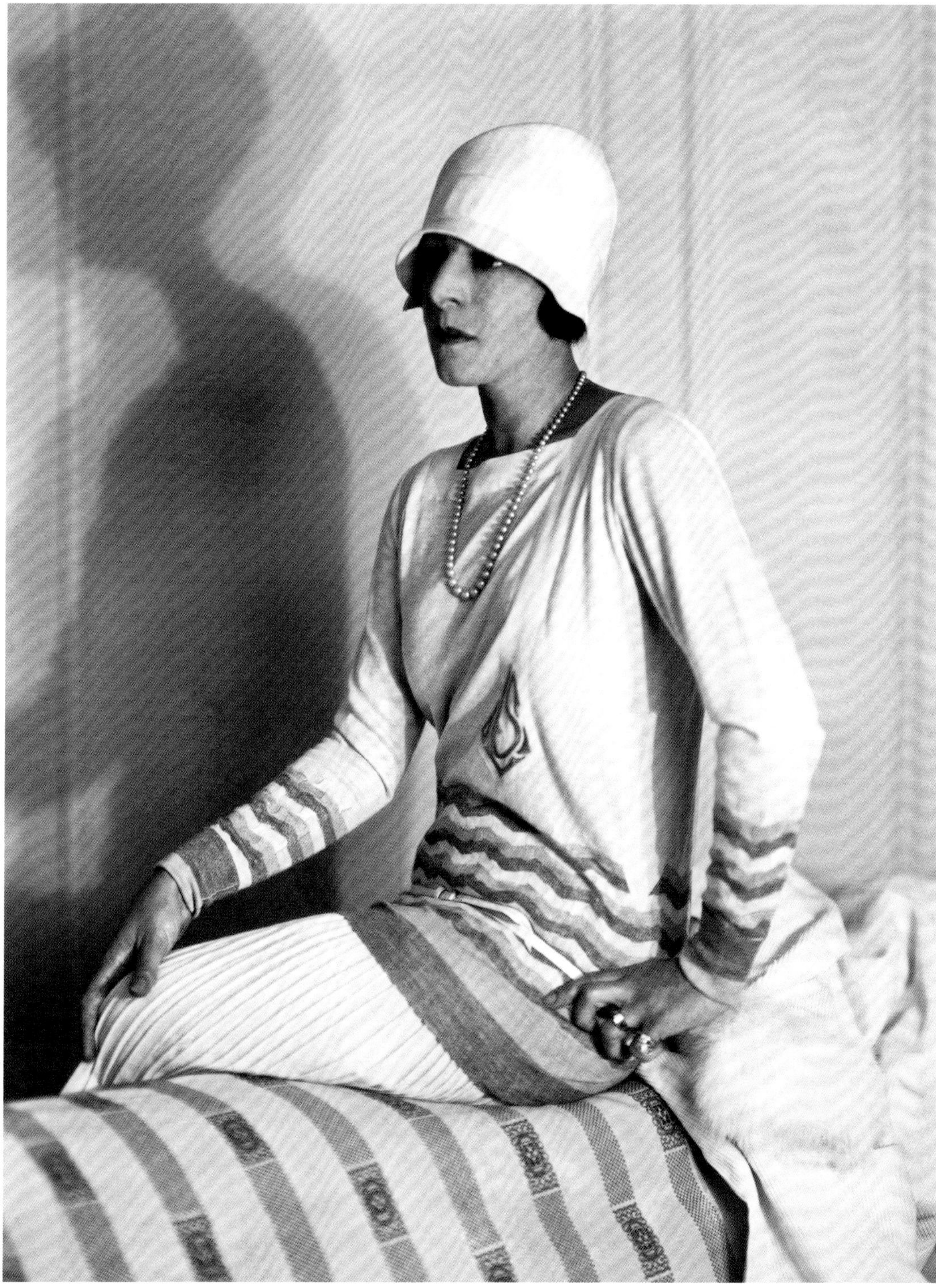

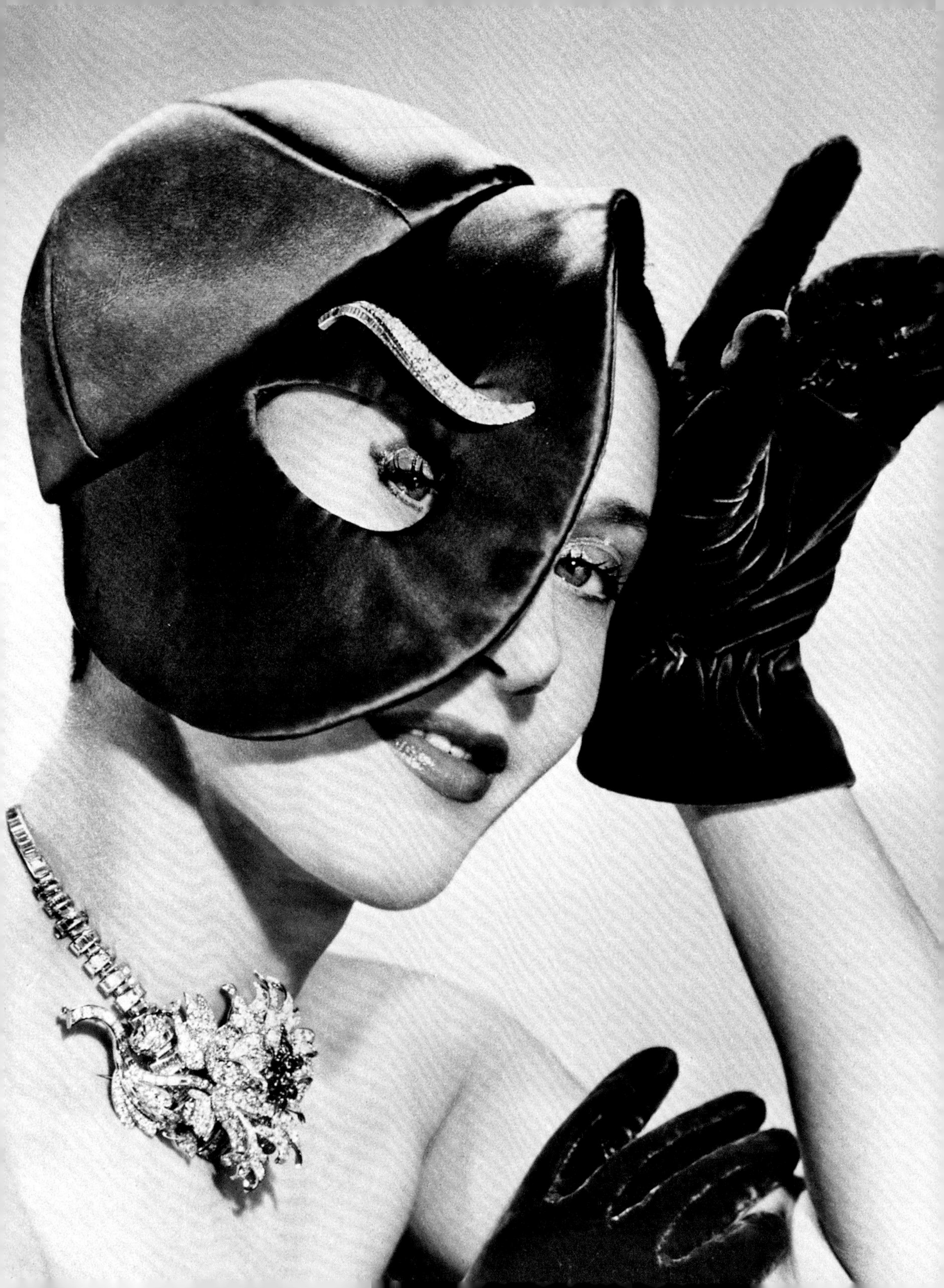

die mit Drapierungen, farbigen Einsätzen und Metallschnallen an den Gürteln verziert sind. Gleichzeitig wird auch das Bild einer energischeren Frau skizziert, deren Schultern gerade und oft wattiert sind, mit tallierten Jacken und figurbetonten Kleidern. Der Mythos der schlanken und zarten Pariserin wird auch von der wohlgeformten mediterranen Frau im »italienischen Stil« bedroht, die vom dortigen faschistischen Regime beharrlich beworben wird, da man meint, damit den richtigen Dreh für eine effektive Anti-Krisen-Propaganda gefunden zu haben: 1935 wird die Nationale Modeagentur ins Leben gerufen, mit dem Ziel, Textilhersteller, Schneidereien und Accessoire-Hersteller zu einer »Italianisierung« ihrer Entwürfe anzuregen. In Italien Produziertes soll als italienisch zu erkennen sein. Trotz der schwierigen Umstände wird in den 1930er-Jahren immer noch viel experimentiert: 1935 eröffnet Elsa Schiaparelli am Place Vendôme ihre Boutique und lanciert direkt aus dem Herzen von Paris ihre Themenkollektionen, die sich mit der Welt des Zirkus, dem Weltall oder der Commedia dell'Arte beschäftigen; sie arbeitet mit den größten Künstlern der Zeit zusammen und knüpft damit ein Band zwischen Kunst und Mode, das bist heute besteht. 1937 patentiert Salvatore Ferragamo den Korkkeilschuh, und 1938 kommt das erste Paar Nylonstrümpfe auf den Markt, deren Patent im Jahr zuvor angemeldet wurde. Für kurze Zeit verblassen die

Abendmütze aus rotem Satin mit Guckloch, entworfen von Elsa Schiaparelli. Eine Diamantbrosche von Van Cleef & Arpels bildet die ungewöhnliche Augenbraue.

Schrecken der Wirtschaftskrise, doch der Zweite Weltkrieg bringt auch für die Mode neue Vernichtung: Bereits Anfang der 1940er-Jahre sind Stoffe kaum mehr zu beschaffen, und die Kunden bekommen dies zu spüren. Unter dem Druck des Vichy-Regimes und aus Berlin droht die Branche in Paris zusammenzubrechen, und die amerikanischen Einkäufer lehnen die Entwürfe der neuesten französischen Modeschauen ab. Die Kleidung passt sich der Zeit an und wird kürzer, schmaler und einfacher, aus grober Wolle in dunklen Farben gefertigt; man entwirft kantige Kostüme mit breitschultriger Jacke, kurzem geradem Rock, manchmal auch einem Hosenrock, darüber trägt man in der kalten Jahreszeit große Umhänge oder weite, ausgestellte Mäntel. Die Fantasie lässt man bei den Hüten, deren Extravaganz den Blick von der schlichten Kleidung ablenkt, und bei den großformatigen Taschen spielen. Der Lederabsatz wird aus Sparsamkeit durch einen Keilabsatz aus Kork ersetzt, die Schuhe deshalb »orthopädisch« oder »eigenständig« genannt. Nach dem Krieg aber lebt Paris wieder auf und erneuert seinen Anspruch als Welthauptstadt der Mode – dank der Hartnäckigkeit der Branche und dem Medienerfolg des *Théâtre de la Mode* (1945), einer Wanderausstellung mit mehr als 150 Drahtpuppen, die mit kostbaren französischen Kreationen aus der Kollektion 1945/1946 bekleidet sind. Schließlich zieht der Couturier Monsieur

1930. Marlene Dietrich (1901–1992) in Männerkleidung im Film Marokko, *bei dem Josef von Sternberg Regie führte.*

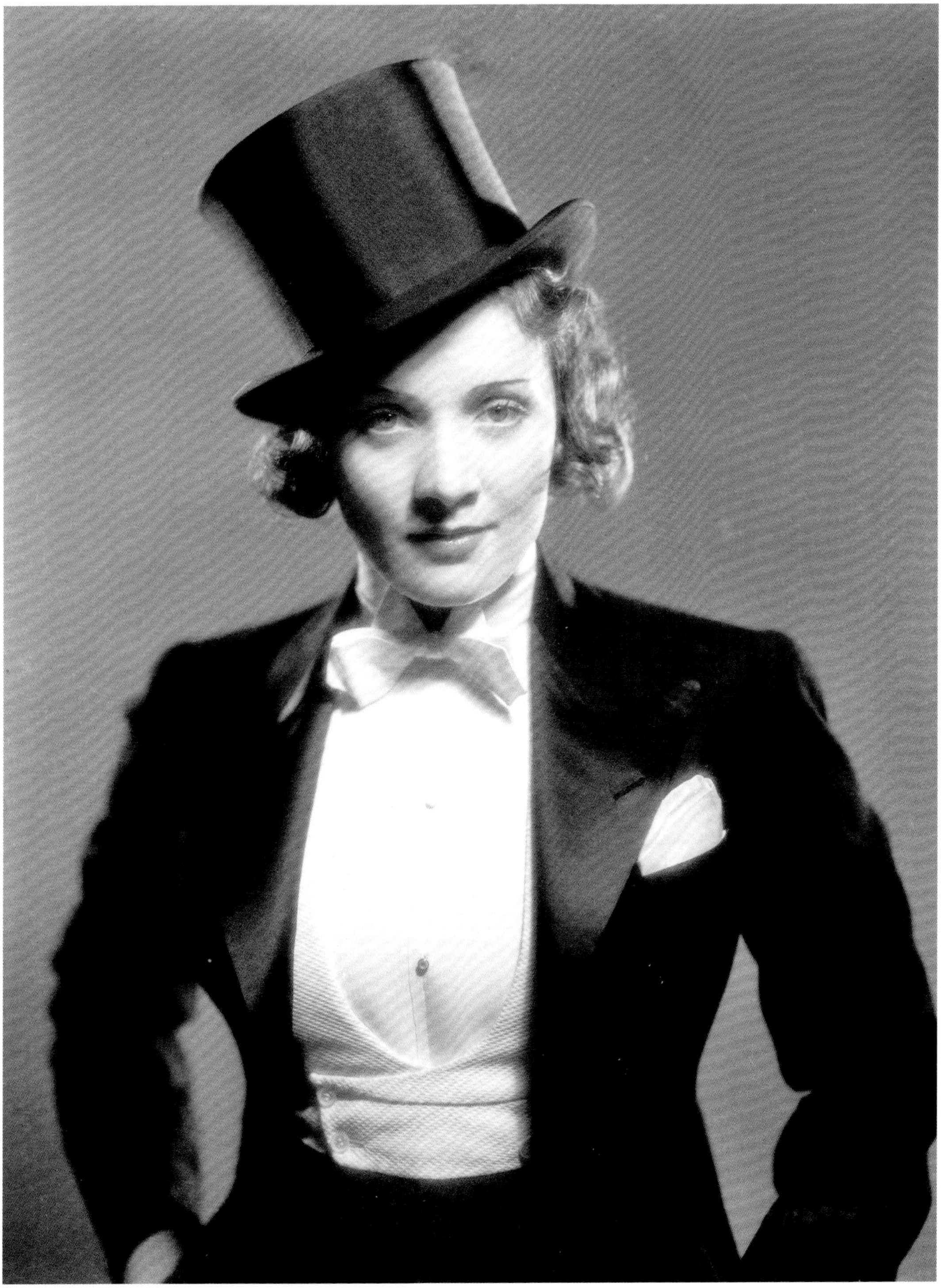

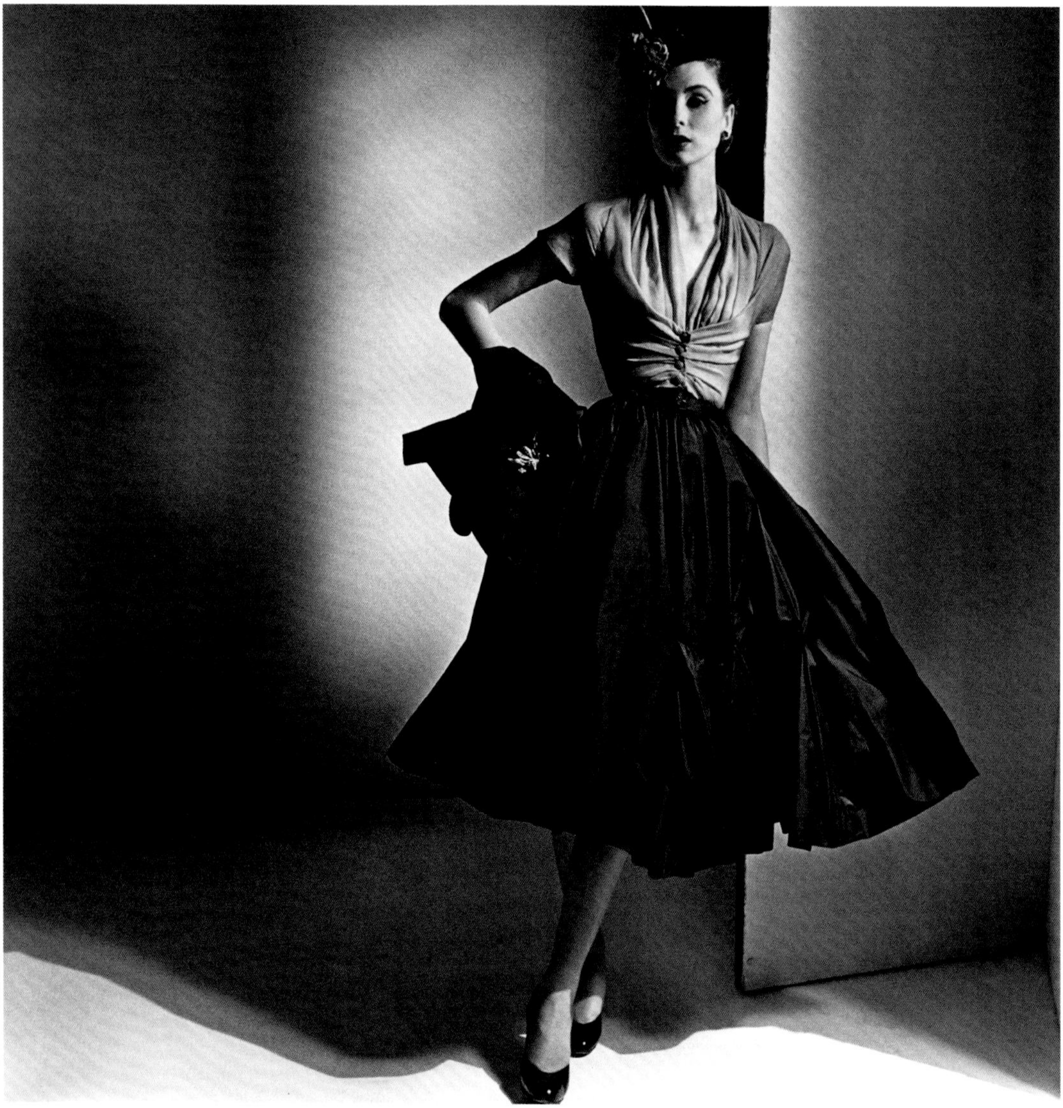

Suzy Parker, fotografiert von Horst P. Horst, in einem Kleid von Christian Dior mit rosa Chiffon-Mieder, schwarzem Faltenrock und passender Mütze.

Christian Dior mit seinem innovativen und romantischen *New Look* (1947) alle Augen nach Paris. Von den Kriegszwängen ist nichts mehr zu spüren. In den folgenden Jahren revolutioniert Diors raffinierter Retrostil die weibliche Silhouette, mit Zickzack (1948), mit schräger (1950), vertikaler (1950), ovaler (1951) und »H-förmiger« (1954) Linie. Es macht wieder Spaß, und man ist stolz, sich gut zu kleiden. 1954 zeichnet Christian Dior verantwortlich für die Hälfte aller französischen Modeexporte; am 5. Februar desselben Jahres eröffnet Coco Chanel im Alter von 71 Jahren ihr Modehaus wieder, das während des Krieges geschlossen war. Die erste Schau ist ein Fiasko, doch dann folgt der Donnerschlag. Coco präsentiert Entwürfe in dem unverwechselbaren Stil, der später zum unverkennbaren Chanel-Look wird: das Kostüm aus strukturiertem Tweed mit knielangem Rock und einer Jacke mit Schmuckknöpfen, kombiniert mit zweifarbigen Schuhen, Broschen, langen Perlenketten, einer Handtasche mit Steppeffekt und goldenen Ketten. So entsteht die ikonische Uniform, die sowohl von den Europäerinnen als auch von den wohlhabenden Amerikanerinnen enthusiastisch angenommen wird und so die unterschiedliche Ästhetik der beiden Kontinente miteinander verbindet. Im selben Jahr stirbt Frida, die einen warmen und farbenfrohen Hauch von Mexiko in die Welt der Mode brachte und es nie nötig hatte, sich den Trends des Augenblickes zu unterwerfen. Vor allem deshalb nicht, weil, wie Diego Rivera es formulierte, »die klassische mexikanische Tracht vom

Auf Seite 41: Gabrielle »Coco« Chanel (1883–1971).

Volk für das Volk geschaffen wurde. Und Mexikanerinnen, die sie nicht tragen, gehören nicht zum Volk, sondern sind mental und emotional abhängig von einer fremden Klasse, zu der sie gehören möchten, nämlich der großen amerikanischen und französischen Bürokratie« (*Time,* 3. Mai 1948). Aber dank ihrer Zeitlosigkeit erobert die mexikanische Mode selbst die amerikanische Bourgeoisie, wie ein Leitartikel in der amerikanischen *Vogue* zeigt: Betitelt *Local Colour Mexican* (amerikanische *Vogue,* 15. Januar 1942) illustriert er den Einfluss der indigenen Mode und Folklore auf die amerikanische Mode. Einen Einfluss, der bis heute fortwirkt und sicherlich größtenteils Frida zu verdanken ist.

»Sie war eine der ersten Frauen, die mithilfe der Mode eine feministische Botschaft der Unabhängigkeit verbreiteten.«

Susana Martínez Vidal
The Guardian, 29. Oktober 2017

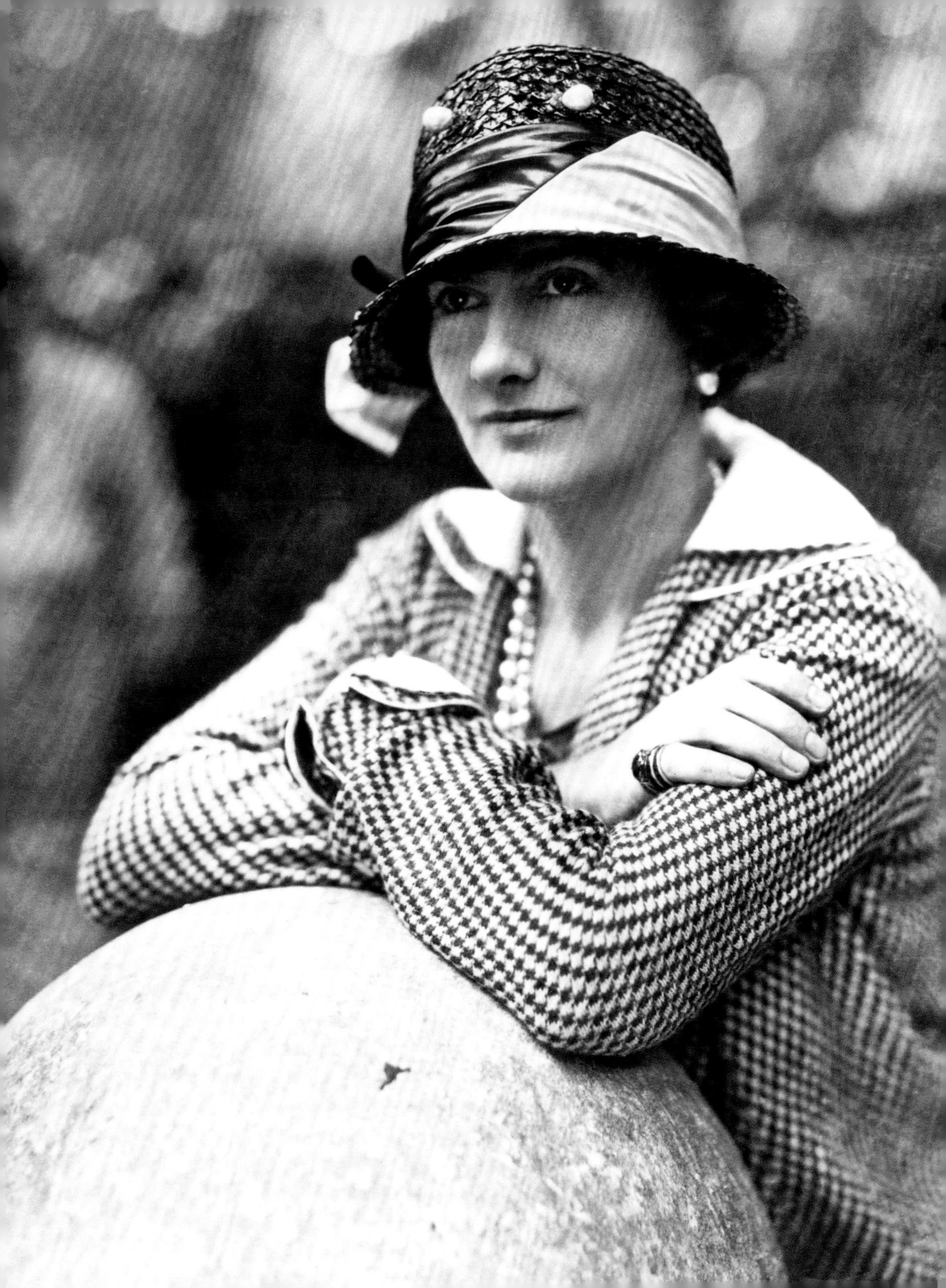

»Meine Röcke mit den Spitzenvolants und die alte Bluse, die ich immer getragen habe, sind das Porträt einer abwesenden Person.«

Frida Kahlo
(aus einem Brief von März 1939 an Jaqueline Lambo)

Fridas Stil

Frida, die Frau; Frida, die Künstlerin; Frida, die Revolutionärin; Frida, die Heilige; Frida, das Opfer; Frida, die Bisexuelle; Frida, die Stilikone!

Natürlich verleiht Frida all diesen Identitäten vor allem durch die Malerei Ausdruck. Es ist aber unbestreitbar, dass ihr sehr persönlicher Kleidungsstil es ihr ermöglicht, sich eine zweite Haut zuzulegen, eine andere Art von Leinwand, auf der ihre Werte, politischen Botschaften und Ängste genauso kraftvoll erscheinen wie auf ihren Bildern – der Wunsch nach Achtung ihrer Behinderung zum Beispiel oder auch der nach der Gleichberechtigung der

Frau in der Gesellschaft. Es sind moderne Botschaften, die Frida durch die Mode vermittelt, und laut Susana Martínez Vidal nimmt sie damit den Trend vorweg, Kleidung als Kommunikationsmittel für feministische Themen zu verwenden. Fridas Instrument dafür ist die *Tehuana*-Kultur und deren traditionelle Kleidung, sie wird zum Ausdruck von Fridas Identität, ihrer Verbundenheit mit dem mexikanischen Volk und dessen Traditionen, zum Ausdruck ihrer eigenen revolutionären Geschichte.

Die *Tehuana*-Tracht ist die Verbindung zu ihrer Familie mütterlicherseits, die aus Oaxaca stammt, gleichzeitig bekräftigt Frida damit aber auch ihre Unabhängigkeit als Frau und Künstlerin. Ihre *Tehuana*-Identität ist viel mehr als einfache Ästhetik: Es ist eine politische, soziale Stellungnahme, und für Frida ist sie ein Symbol ihrer Verbundenheit mit ihrem Land und den indigenen Bauernfrauen, im Gegensatz zu den geltenden sozialen Regeln unter Stadtfrauen. Das traditionelle *Tehuana*-Gewand wird so in Fridas persönlicher Geschichte zu einem sehr mächtigen Kommunikationsmittel, eröffnet ihr aber auch die Möglichkeit, ein Double zu schaffen, ein weiteres Ich, eine Frau, deren Identität

1896. Zwei mexikanische Frauen in der traditionellen Tracht von Tehuantepec mit Spitzenschleier (Resplandor), der das Gesicht umrahmt, und der handgefertigten Bluse Huipil, *einem typischen, unverwechselbaren Kleidungsstück der Frauen in Mexiko und Guatemala.*

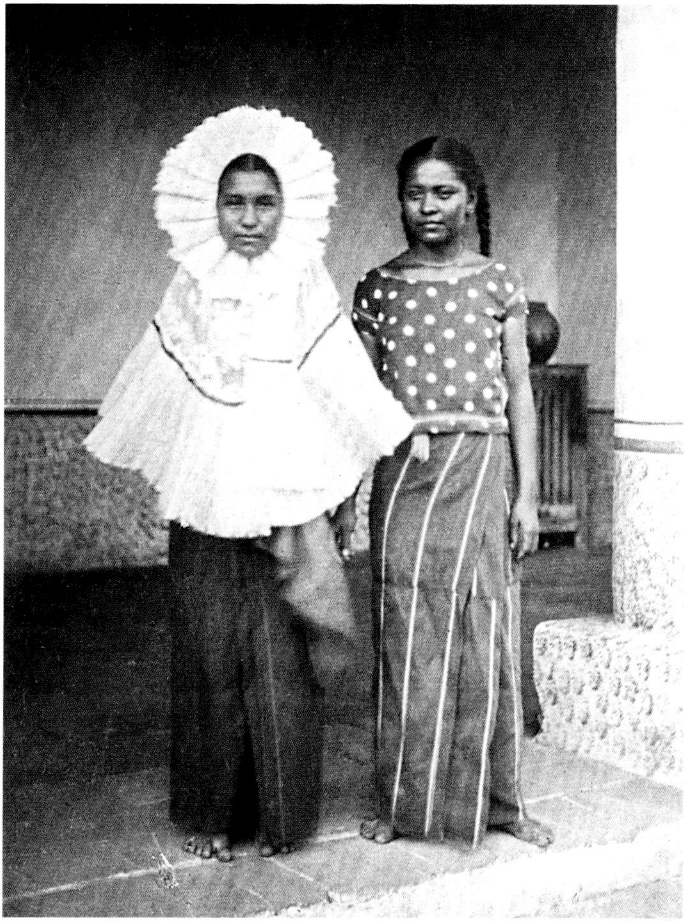

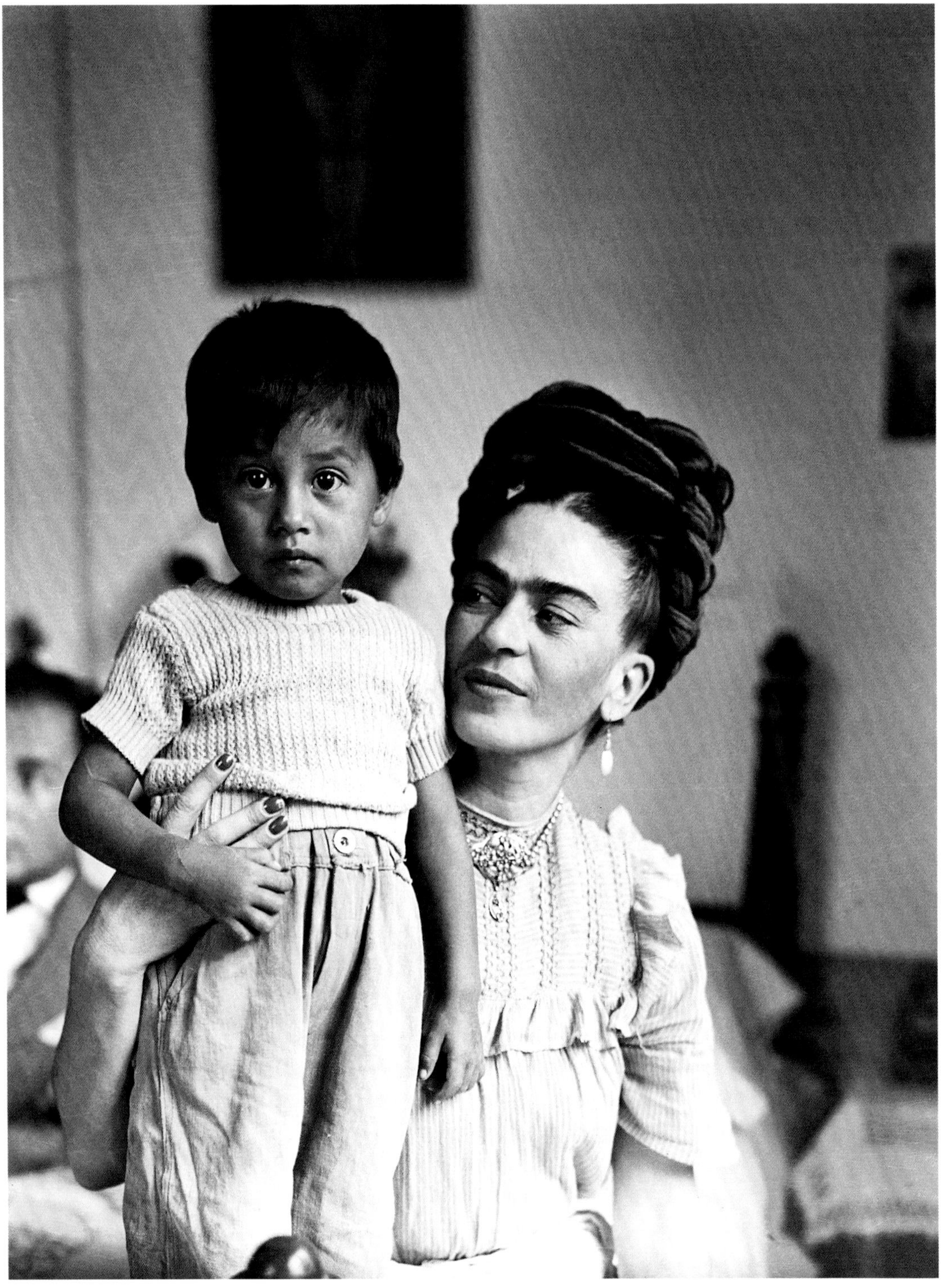

sich von der in westlicher Kleidung unterscheidet, die von Stadtfrauen als Symbol bürgerlicher Konventionen getragen wird. Die Malerin selbst stellt an einer Stelle in ihrem Tagebuch fest, dass das *Tehuana*-Kleid »das Porträt in Abwesenheit einer Person« ist, und tatsächlich findet sich in Fridas Gemälden statt ihrer selbst oft allein ein Abbild der Kleidung: ihr wahres Alter Ego.

In ihrem allerersten *Autorretrato con traje de terciopelo (Selbstporträt mit Samtkleid,* Mexiko-Stadt, Sammlung Gómez Arias) vom September 1926 trägt Frida noch »ein romantisches bordeauxrotes Samtkleid mit Kragen und Manschetten, anscheinend aus Goldbrokat«, nichts, was einem traditionellen Kleid ähnlich wäre. Das Aufeinandertreffen von westlich-bürgerlichem Stil und dem strengeren mexikanischen Stil lässt jedoch nicht lange auf sich warten. Bereits auf dem *Autorretrato - El tiempo vuela (Selbstporträt - Die Zeit vergeht wie im Flug,* Sammlung Antony Bryan) von 1929 wird das Reine von Fridas weißem Hemd und ihrem klassischen Mittelscheitel gebrochen durch die präkolumbianischen Schmuckstücke, die sie trägt - Halbmond-Ohrringe und eine grüne Edelsteinkette mit einem Sonnen-Medaillon. Diese Kette mag sie so gern, dass sie sie auch für das Fotoshooting von Imogen Cunningham 1931 und vor allem auf dem Doppelporträt von sich und Diego von 1931 trägt, bei dem der mexikanische Stil nunmehr dominiert (*Frida y Diego Rivera,* San Francisco, Museum of Modern Art, Sammlung Albert M. Bender).

Frida mit einem mexikanischen Kind.

Sie ist erst Anfang zwanzig, doch die semiotische Darstellung dessen, was sie trägt, ist bereits sehr klar und präzise: Hinter ihr liegt ein schrecklicher Autounfall, der ihren Körper und ihre Seele schwer verletzt hat, und gleichzeitig verspürt sie den hartnäckigen Wunsch nach einem Neuanfang.

Gerade in der Mode und ihren Accessoires findet Frida den perfekten Rahmen, um sich zu präsentieren, eine Maske, um dem starken Schmerz und der großen Einsamkeit zu entkommen, die sie so quälen. Die Kleidung wird auch zu einem Mittel, um den Tod zu vertreiben, der ständig über ihrem Leben schwebt, aber gleichzeitig sind ihre Kleider, wie Carlos Fuertes sich erinnert, mehr als eine zweite Haut: Sie stellen, wie sie selbst sagt, »eine Art dar, sich für das Paradies zu kleiden, sich auf den Tod vorzubereiten«. Vielleicht ist es dieser starke Kontrast – so stark, dass er fast surreal ist –, der sie zu einer Ikone macht, deren Stil in der Kunstgeschichte seinesgleichen sucht. Die Tragik ihres Lebens wird durch die Fröhlichkeit ihrer Garderobe kompensiert, die auf die volkstümliche und bäuerliche Folklore des alten Mexikos zurückgreift und so Fridas tiefe Verbundenheit mit der indigenen Vergangenheit ihres Volkes ausdrückt. Durch Kleidung und Accessoires, Farben und Düfte kann Frida die Zuneigung, die sie für ihr Heimatland empfindet, zum Ausdruck bringen. Ihr fast zeitloser persönlicher Stil (so ganz anders als die bürgerliche, französisch inspirierte Stadtmode) basiert auf der *Tehuana,* der matriarchalischen Tracht des Tehuantepec-Gebietes im Südwesten Mexikos: Hier führen die Frauen die Gesellschaft, sie sind stark und mutig und tragen ihre Kleidung mit Stolz. Und in ihrem unerschrockenen Geist erkennt sich Frida wieder: Dazu gehört der *Huipil,* eine kurze, weite Tunika aus zwei oder drei Teilen rechteckigen Stoffes mit sehr dichten Mustern aus geometrischen Figuren oder Blumen, die Frida aus traditioneller spanischer Baumwolle oder kostbarer französischer Seide nähen lässt; die *Enagua,* ein weiter, handbestickter Rock; der *Resplandor,* ein riesiger Spitzenkranz, der um den Kopf getragen wird; und die *Huaraches,* flache mexikanische Sandalen. Unverzichtbar in Fridas Garderobe ist außerdem der *Rebozo,* ein rechteckiges schalartiges Tuch, das zwischen eineinhalb und drei Metern lang sein kann und zum Tragen von Gegenständen und Babys benutzt wird. Es wird aus Wolle, Baumwolle, Seide oder Viskose hergestellt und existiert mindestens seit der zweiten Hälfte des 16. Jahrhunderts, als der Begriff *Rebozo* zum ersten Mal in der spanischen Sprache auftaucht. Möglicherweise von der *Mantilla* der spanischen Kolonisten inspiriert, steht der *Rebozo* heute symbolisch für die kulturelle Identität Mexikos, weil nicht nur Frida, sondern auch

»Frida wusste um die magische Kraft der Kleider als Ersatz für ihre Besitzer.«

Hayden Herrera
Frida Kahlo: Ein leidenschaftliches Leben,
Frankfurt 1998

andere Künstler, Schriftsteller und Revolutionäre ihn nutzten und berühmt machten. Frida trägt den *Rebozo* auch als Zeichen für ihre politische Solidarität mit den arbeitenden Frauen ihres Landes und als Beispiel für die Handwerkskunst der mexikanischen Urbevölkerung, die unter dem Einfluss der spanischen Handwerker mit dem *Rebozo* eine eigenständige Version der *Mantilla* schuf. Doch Frida bereichert diese Kleidung noch um ihre starke Persönlichkeit – und ihre Spiritualität – und kleidet sich von Kopf bis Fuß nach ihrem ganz eigenen Ritual: Sie schmückt ihr Haar mit Kränzen aus frischen Blumen (oft Bougainvillea aus ihrem Garten), Schleifen, Haarnadeln, Kämmen, Schmetterlingen, Bändern und Zöpfen; sie schminkt ihre Lippen und lackiert sich die Nägel zinnoberrot; sie lässt ihre Augenbrauen dicht und ungekämmt und dadurch die ikonische rabenschwarze Monobraue entstehen; sie trägt lässig einen Zapata-Bart als Zeichen der Ambivalenz sowie schweren Schmuck im präkolumbianischen Stil aus Gold, Silber und Holz, mit einer Vorliebe für Onyx und Jade, häufig geformt zu Symbolen der Leidenschaft wie Dornenkronen und Schlangen; sie parfümiert sich mit dem französischen Duft Shalimar. Auf diese Weise umhüllt und beladen findet sie Trost und hat die Kraft, sich der Welt zu stellen. Einer Welt, von der sie bis heute gefeiert und geehrt wird: von 1937 in der amerikanischen *Vogue*, wo sie gemeinsam mit anderen Mexikanerinnen porträtiert wird (1. Oktober 1937), bis zum November 2012, als das berühmte Foto von

12. August 1939, Mexiko-Stadt. Diego Rivera und Frida, natürlich mit Rebozo.

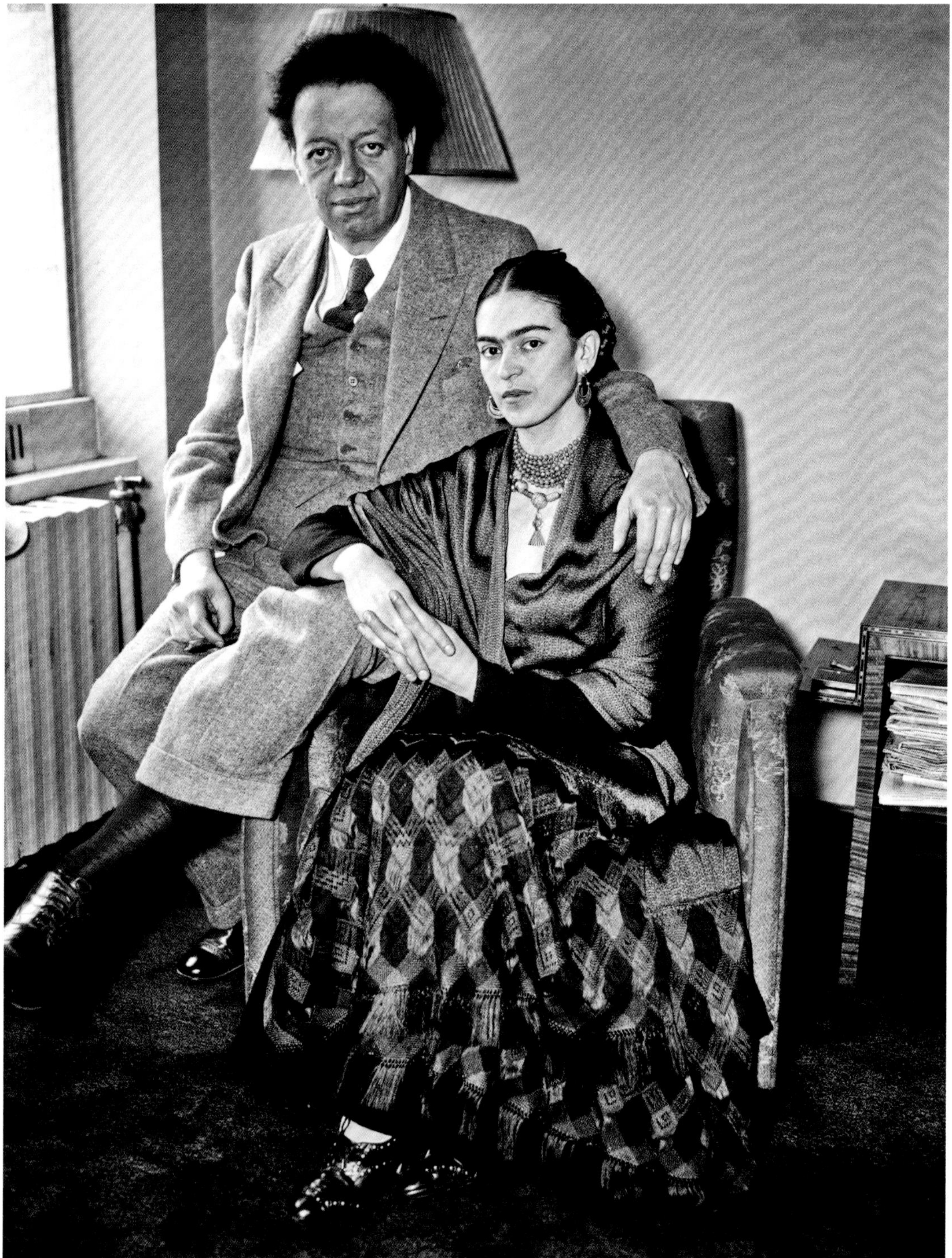

Nickolas Muray aus dem Jahr 1939, das nie in der französischen *Vogue* veröffentlicht wurde, auf dem Titelbild der Beilage der mexikanischen *Vogue* zur ersten Ausstellung über Fridas Garderobe erscheint. Die Welt des Glamours verbeugt sich vor der Frau, die den Glamour immer als flüchtig abgelehnt hat und ihn in ihrem Gemälde *Allá cuelga mi vestido o New York* (*Mein Kleid hängt dort,* 1933) als Symbol der amerikanischen Konsumgesellschaft darstellt. Das leere *Tehuana*-Kleid mit *Huipil* und *Enagua,* das auf dem Gemälde vor Manhattan an einer Leine hängt, soll uns an Fridas mestizische Identität erinnern, die nie mit dem Kapitalismus der modernen Gesellschaft verschmelzen kann; eben der Gesellschaft, die sie trotz ihrer selbst zu einer Stilikone machte.

»Ich trage weiter mein verrücktes mexikanisches Gewand und meine Haare sind wieder lang.«

Frida Kahlo

(aus einem Brief an Lucienne Bloch, 14. Februar 1938)

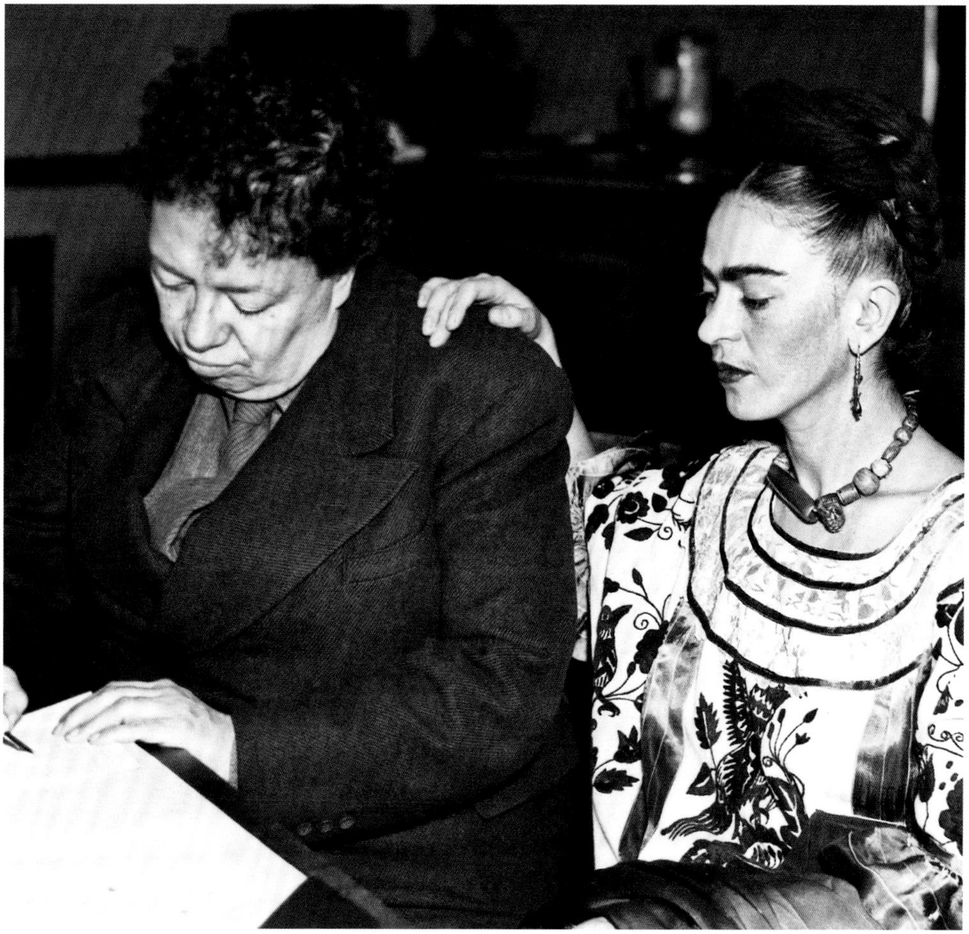

5. Dezember 1940, San Francisco. Diego Rivera unterzeichnet den Antrag auf eine neue Heiratserlaubnis mit Frida. Die beiden lassen sich 1939 scheiden, nachdem Rivera Frida mit ihrer Schwester betrogen hat, beschließen aber nur ein Jahr später, erneut zu heiraten.

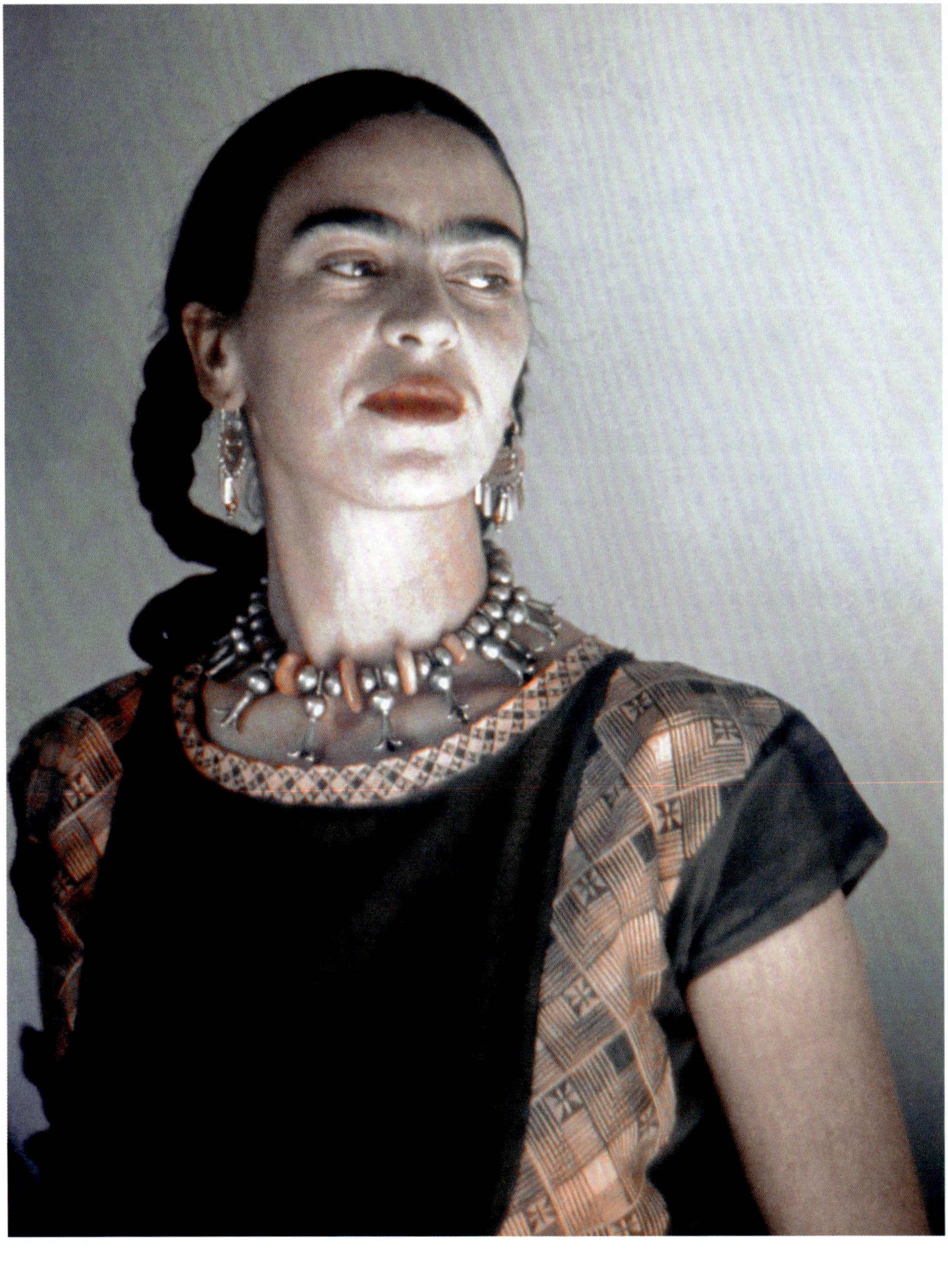

*

Frida lässt ihre Augenbrauen dicht und ungekämmt, wodurch die ikonische schwarze Monobraue entsteht, und trägt als Zeichen der Ambivalenz lässig einen Zapata-Schnurrbart, der oft durch Färbung noch betont wird. In starkem Kontrast dazu steht ihr femininer und sinnlicher Mund mit zinnoberroten oder violetten Lippen, den sie als persönliches und unauslöschliches Markenzeichen auf Fotos, Briefe und Postkarten zu drücken pflegt. Mit ihren feurigen Lippen hält Frida die allgegenwärtige Zigarette und nippt gern an einem italienischen Cinzano oder dem mexikanischen Bier Bohemia, das seit 1905 hergestellt wird – 2010 in einer ihr gewidmeten limitierten Auflage.

Für Frida geht die Verführung auch über ihre melancholischen Augen, die zwinkern oder von einer Brille geheimnisvoll verdeckt werden, wobei sie eine Vorliebe für Sonnenbrillen in Form von Katzenaugen hat.

Circa 1940, Mexiko-Stadt. Frida posiert für ein Porträt in dem vom Architekten Juan O'Gorman entworfenen Atelier. Sie präsentiert sich mit präkolumbianischem Schmuck, klassisch-rotem Lippenstift und dem geliebten Huipil.

*

Frida schmückt ihr Haar mit Kränzen aus frischen Blumen, oft Bougainvillea aus ihrem Garten, aber auch Gänseblümchen, und mit Schleifen, Haarnadeln, Kämmen, Bändern und Zöpfen. Auf dem berühmten *Autorretrato con collar de espinas* (*Selbstporträt mit Dornenhalsband,* 1940, Austin, University of Texas) wählt Frida hingegen Schmetterlinge als Schmuckelement für ihr Haar.

1944. Frida mit ihrer charakteristischen, mit Blumenkränzchen verzierten Frisur.

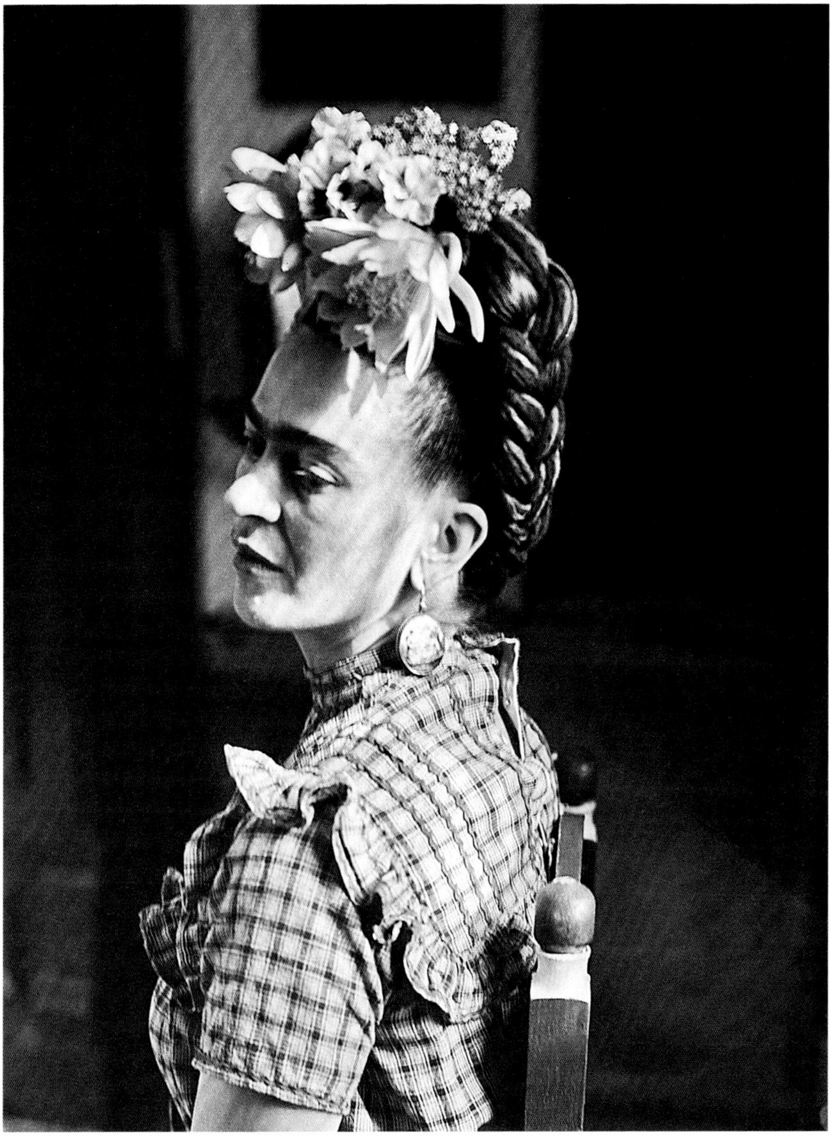

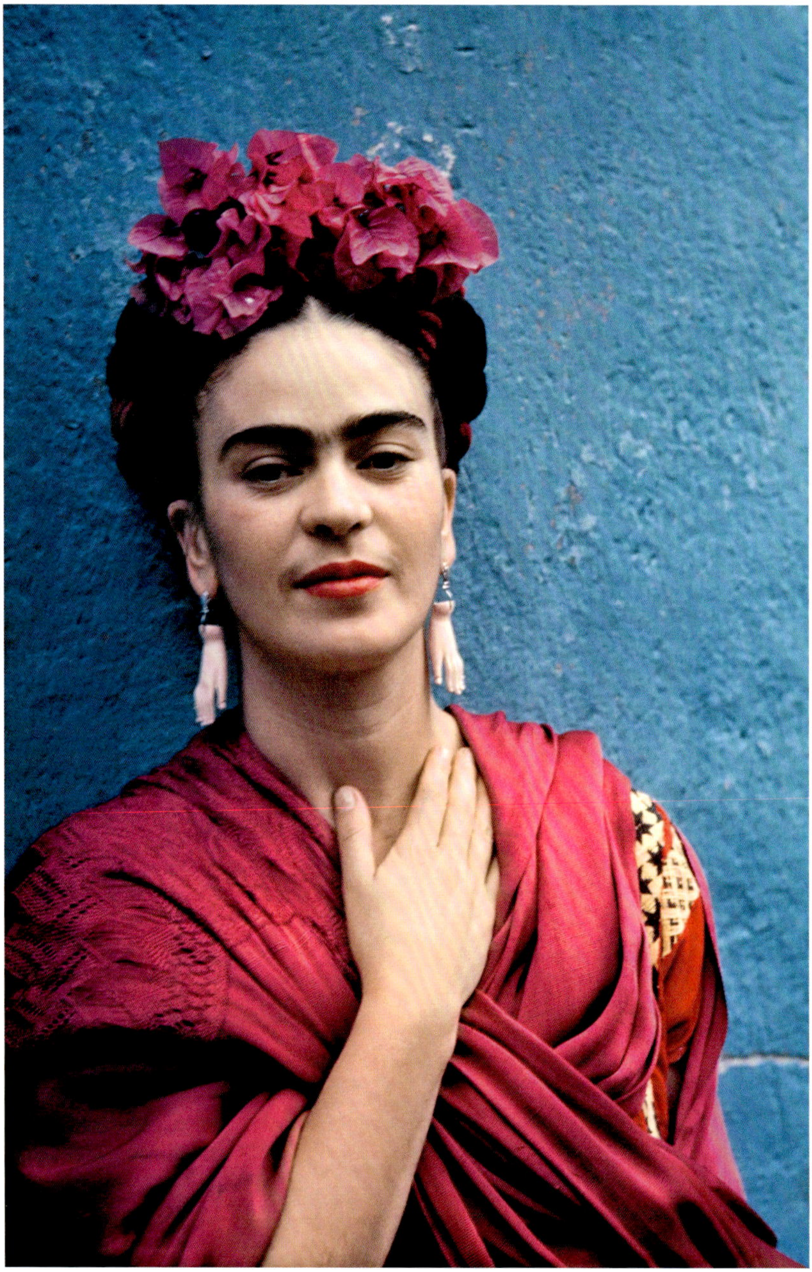

*

Zu Fridas liebsten zeitgenössischen Schmuckstücken gehören die handförmigen Ohrringe, die sie 1939 von Picasso bei ihrem Treffen anlässlich der Ausstellung *Mexique* (Galerie Renou & Colle) in Paris geschenkt bekommt. 1938 wird Frida von Nickolas Muray mit ihnen porträtiert; 1940 verewigt sie sich in ihrem *Autorretrato dedicado al Dr. Eloesser* (*Selbstbildnis, Dr. Eloesser gewidmet,* Privatsammlung) mit einem der Ohrringe, dessen Form ebenso wie die Hand, die das Band mit der Inschrift hält, auf die mexikanischen *Milagros* (Wunder) verweist, beliebte religiöse Votivgaben aus Metall, Wachs oder Elfenbein in Form eines zu heilenden Körperteils. Eines der wertvollsten Schmuckstücke, die Frida gern anlegt, ist ihre goldene Fadenkette mit verflochtenen Gliedern. Frida trägt die mit herzförmigen Medallions sowie Gravuren in Tiergestalt und Flussperlen verzierte Halskette mit Anhänger auf dem Bild *Árbol de la esperanza, mantente firme* (*Baum der Hoffnung, bleibe stark,* 1946, Paris, Sammlung Daniel Filipacchi), auf *Perro Itzcuintli conmigo* (*Selbstbildnis mit Itzcuintli,* 1938, Dallas, Privatsammlung), auf Nickolas Murays ikonischem Foto *Frida Kahlo auf einer weißen Bank* von 1939 und auf dem Foto von Dora Maar, Picassos Geliebter, das Frida 1939 im *Tehuana*-Kostüm in New York zeigt.

1939, Coyoacán. Frida trägt die von Picasso entworfenen handförmigen Ohrringe.

*

Frida trägt sowohl modernen Schmuck als auch präkolumbianische Stücke und solche mit ethnischem Flair – oftmals Geschenke von Diego. Zu den Schmuckstücken gehören die präkolumbianische Jade-Halskette, die geprägten Ohrringe im kolonialen Stil und vor allem die Halskette aus grünen Edelsteinen mit einem Medaillon, in das ein Sonnensymbol eingraviert ist, festgehalten in der berühmten Aufnahme von Imogen Cunningham aus dem Jahr 1931 in San Francisco und in den Fotografien von Guillermo Dávila aus dem Jahr 1929 in Coyoacán, auf denen Frida in einem weißen westlichen Kleid mit der grünen und einer weiteren Kette zu sehen ist. Die grüne Edelsteinkette trägt Frida auch bei ihrem Treffen mit Anson Conger Goodyear, dem Präsidenten des Museum of Modern Art, am 13. November 1931 in New York. 1929 porträtiert sie sich mit ebendieser Kette (*Autorretrato – El tiempo vuela,* Sammlung Antony Bryan) und einem Paar Halbmond-Ohrringen. Die Sonne und der Mond, der Zyklus der Jahreszeiten, das Männliche und das Weibliche, die Gegensätze des aztekischen Kultes und ihrer Persönlichkeit, all das bringt sie auch durch ihren Schmuck zum Ausdruck. Die Verbindung mit der grünen Halskette ist so eng, dass Frida sie auch auf einem ihrer wichtigsten Werke trägt: dem im April 1931 gemalten Doppelporträt *Frida y Diego Rivera* (*Frida und Diego Rivera,* San Francisco, Museum of Modern Art, Albert M. Bender Collection), einem sinnbildlichen Werk, inspiriert von einem Foto, das bei der ersten Hochzeit mit Diego Rivera im Jahr 1929 aufgenommen wurde. Frida schafft hier eine perfekte Mischung aus mexikanischer Tradition und Moderne, indem sie ein grünes Kleid mit dem roten *Rebozo* und eine Perlenkette mit der geliebten grünen Kette kombiniert.

1930, San Francisco. Frida Kahlo und ihre geliebte grüne Edelstein-Halskette mit dem gravierten Medaillon, verewigt von Imogen Cunningham.

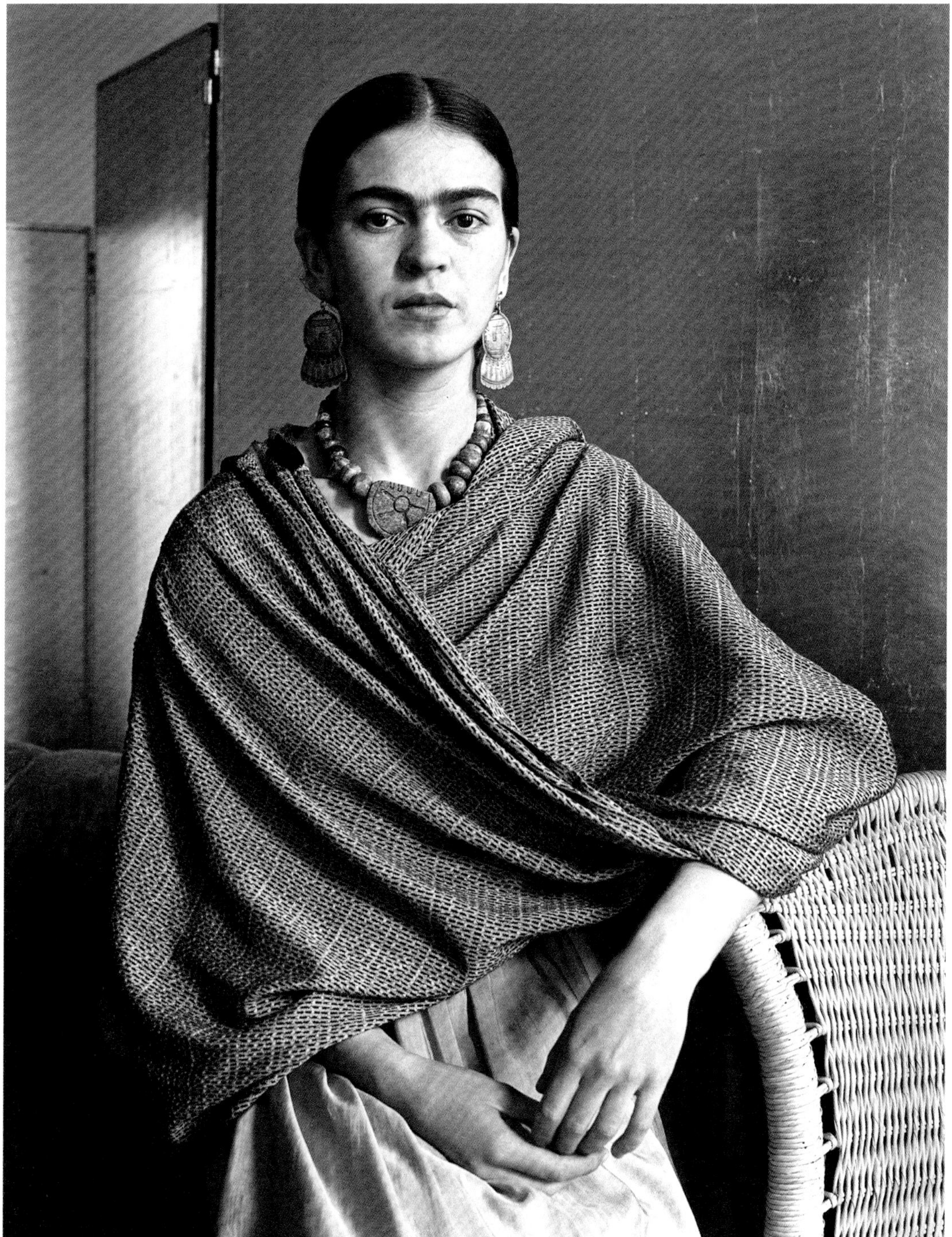

*

Frida liebt es, ihre manikürten und lackierten Nägel zu präsentieren. Zudem schmückt sie ihre Finger mit schweren Ringen im präkolumbianischen Stil aus Gold, Silber oder alternativ mit einem schlichten und eleganten Solitär, wobei sie Onyx und Jade bevorzugt. In ihrem privaten Kleiderschrank sind zwei Fläschchen Revlon-Nagellack aufgetaucht: ein grüner (*Seal-Fast Top Coat Only*) und ein rötlich-violetter, der sinnliche *Orchids to You,* der 1948 von der amerikanischen Kosmetikfirma mit einer großen Werbekampagne auf den Markt gebracht wurde.

1944. Frida mit Zöpfen, Blumenkrönchen, lackierten Fingernägeln und Ringen auf einem Porträt aus der Sammlung Bettmann.

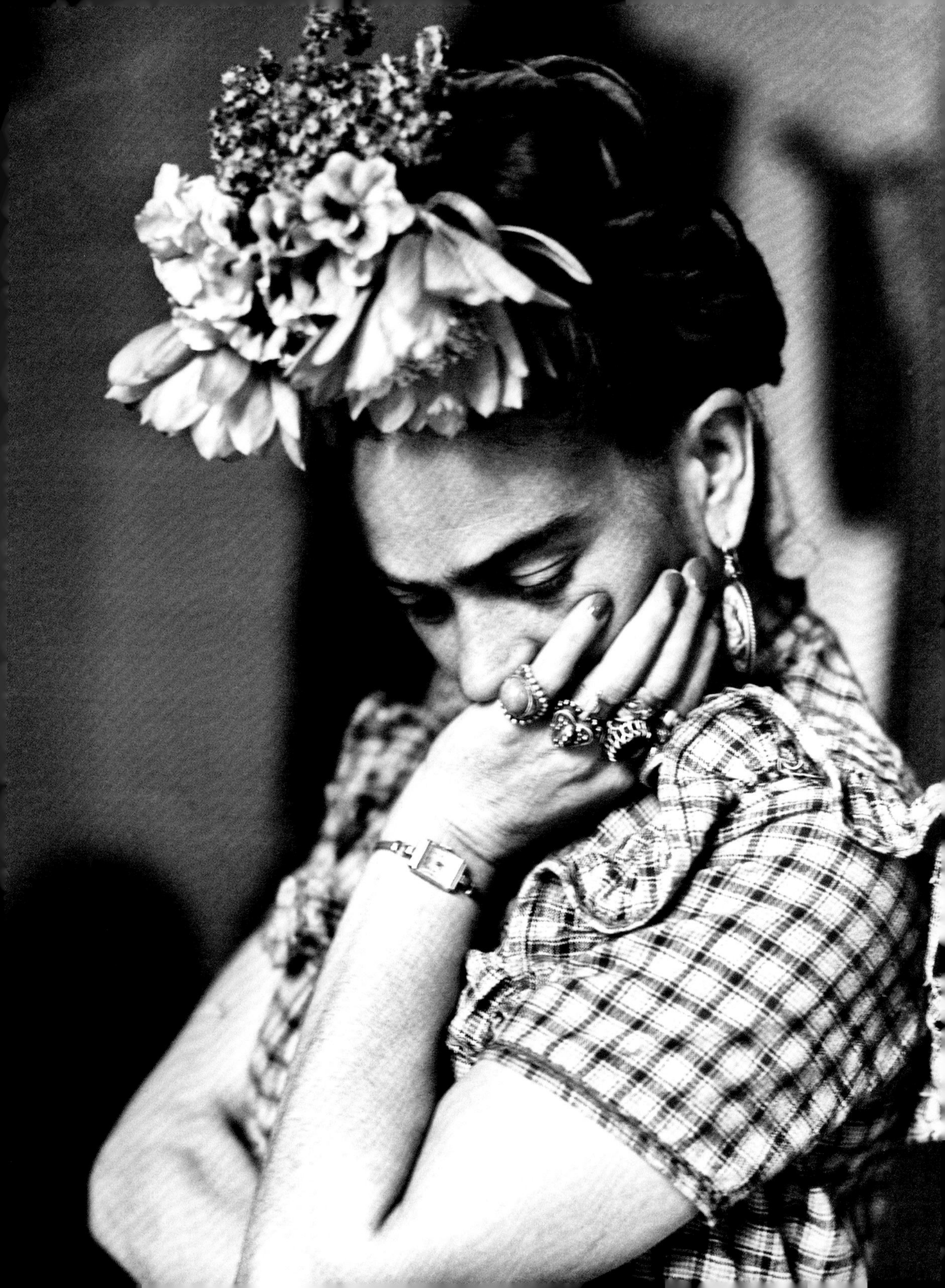

*

Der *Tehuana*-Schleier mit Spitze (*Resplandor*) ist Frida so lieb und teuer, dass sie ihn auch mit Blumen wie Gänseblümchen und Bougainvillea verschönert. Letztere ist in den südlichen Regionen Mexikos sehr verbreitet und gedeiht in Fridas Garten besonders gut.

Im *Autorretrato* (*Selbstporträt,* 1948, Sammlung Fastlicht) trägt Frida einen Schleier, der mit dem orientalischen Motiv des Yin und Yang bestickt ist, einem Symbol für Harmonie und Wohlbefinden, für die Verschmelzung zweier Gegensätze und Dualitäten im Universum. Dieses Symbol der Einheit taucht ebenso in einigen von Fridas Tagebucheinträgen auf, auch um ihre persönliche Vision der Revolution auszudrücken: »Alles ist alles und eins« (1947, Tagebuch). 1947 wird Frida von Diego mit demselben Symbol auf dem Wandgemälde *Sueño de una tarde dominical en la Alameda Central* (Mexiko-City, Museo Mural Diego Rivera) dargestellt.

1940. Frida in der traditionellen Tehuana-Tracht mit dem bestickten Schleier (Resplandor).

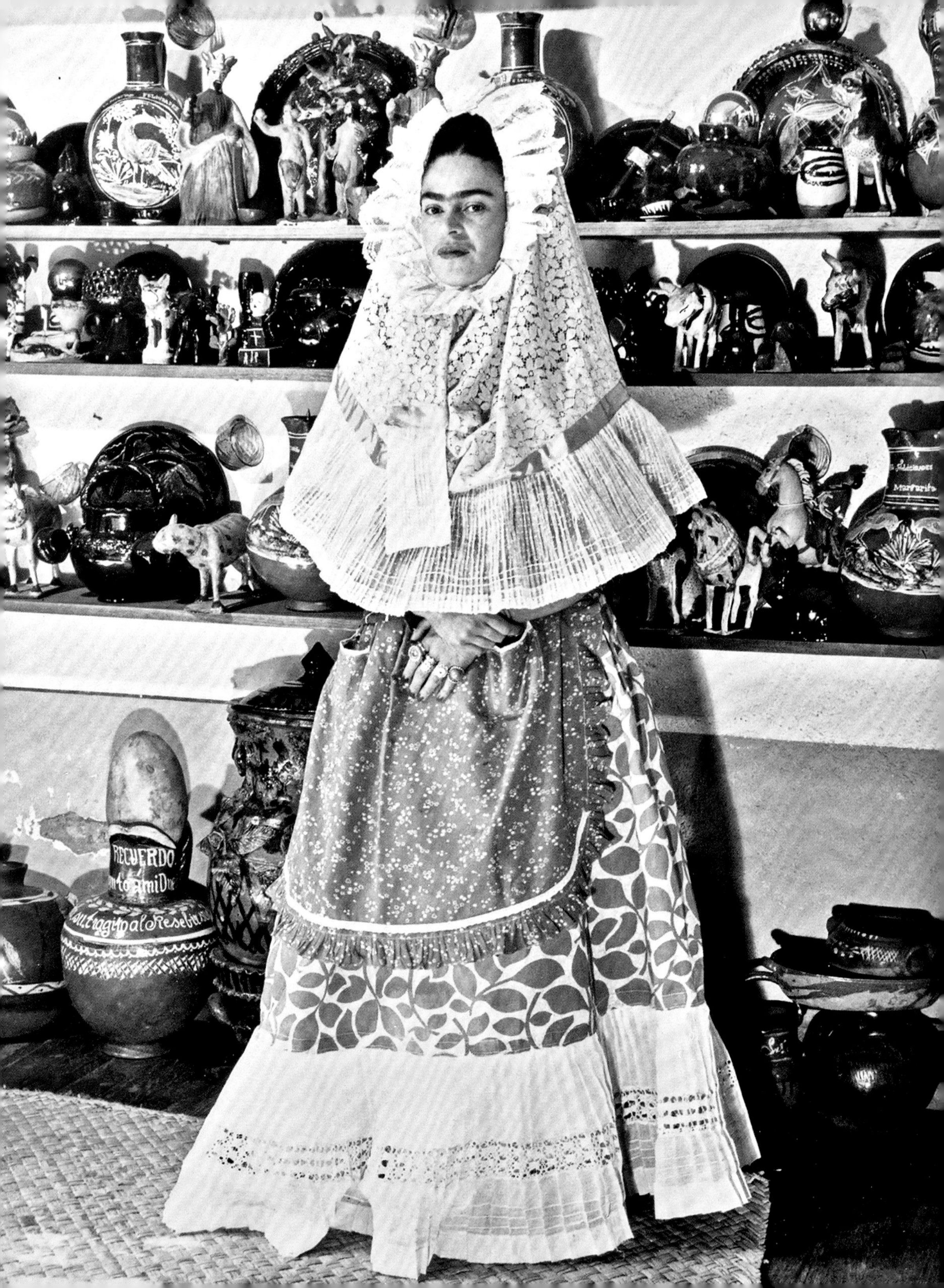
RECUERDO

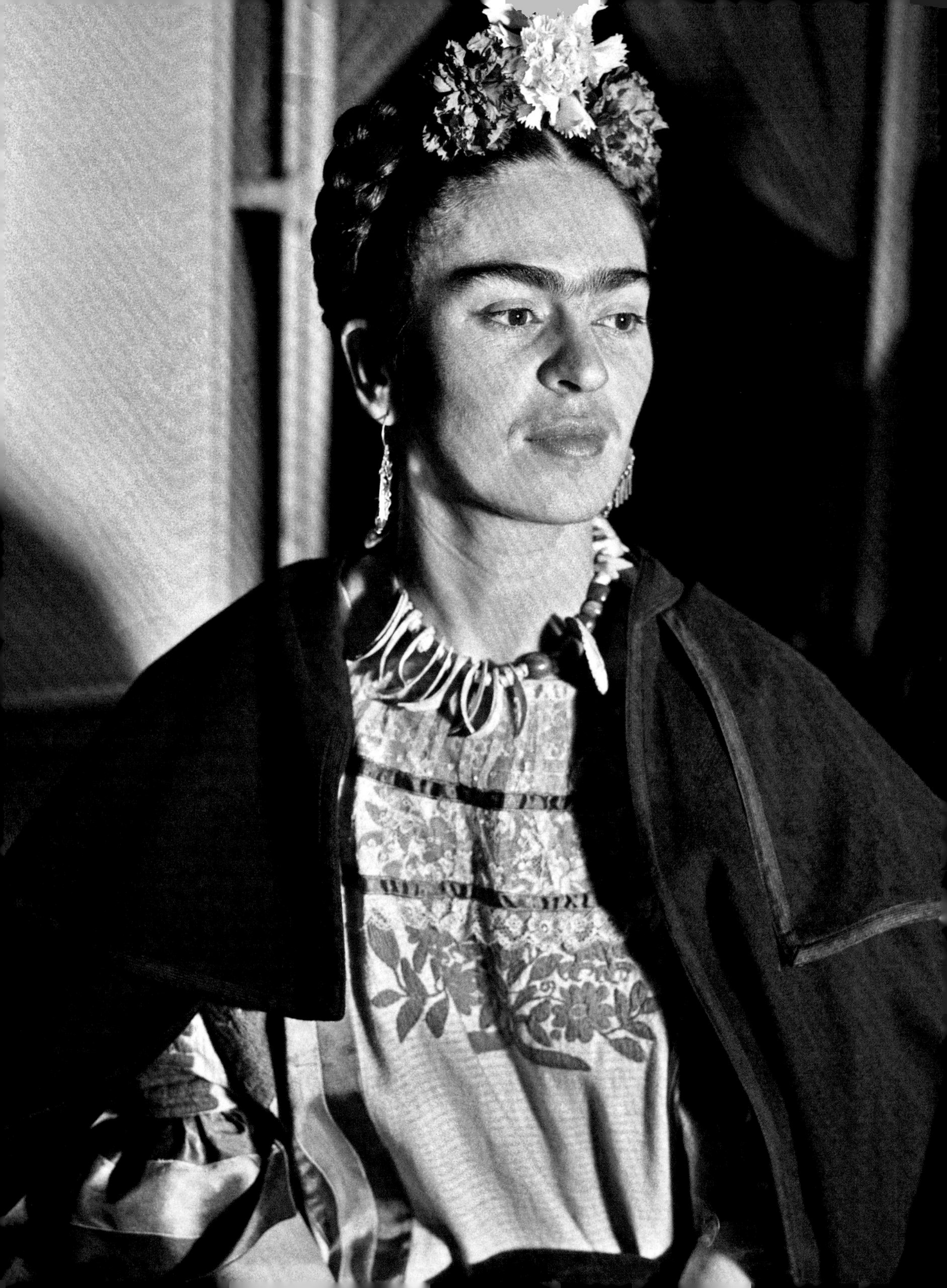

*

Frida lässt die unterschiedlichen kulturellen und religiösen Facetten Mexikos gern verschmelzen, indem sie präkolumbianischen Schmuck und Elemente der katholischen Tradition kombiniert, wie den schwarzen Strickschleier, mit dem sie auf dem berühmten *Autorretrato dedicado a Sigmund Firestone (Selbstbildnis Sigmund Firestone gewidmet,* 1940, New York, Sammlung Violet Gershenston) ihr Haar bedeckt. Ebenfalls mit der katholischen Religion verbunden ist das Yalalag-Kreuz (Oaxaca, Mexiko), das auf das weiße Baumwollhemd (*Huipil* in Form einer Tunika) gestickt oder appliziert ist, das sie auf dem *Autorretrato con el retrato del Dr. Farill (Selbstporträt mit dem Porträt von Doktor Farill,* 1951, Privatsammlung) trägt und mit dem sie am Nachmittag des 13. Juli 1954 von Lola Alvárez Bravo auf dem Totenbett fotografiert wird.

30. März 1939, New York. Frida, porträtiert an Bord des Dampfers Normandie anlässlich ihrer Ankunft im Big Apple.

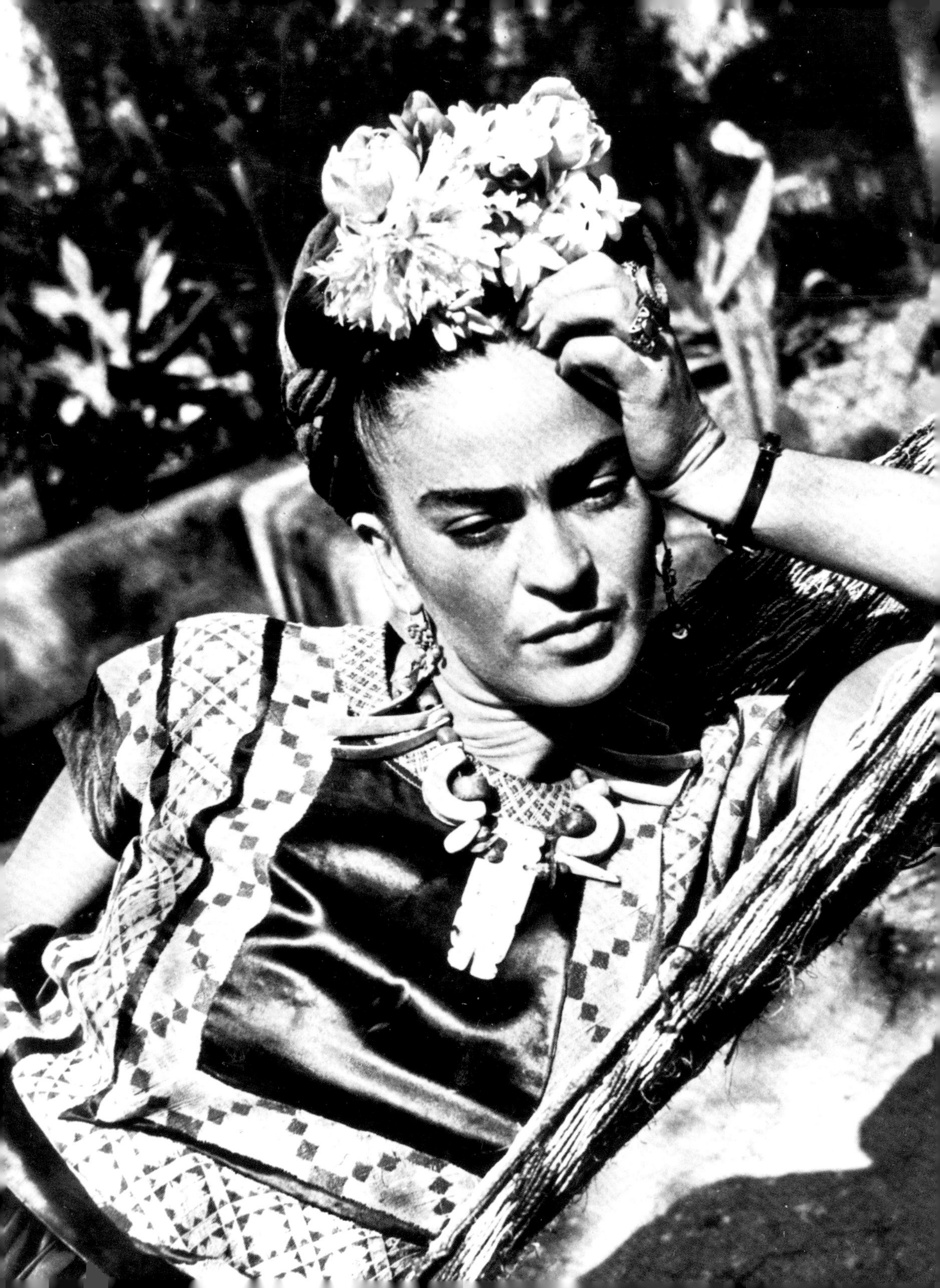

*

»Dein ist der *Huipil* mit den Bändern in Solferino. Mein sind die alten Plätze deines Paris« (März 1939, in Fridas Tagebuch übertragener Brief). Frida schenkt der Malerin Jacqueline Lamba, der Frau von André Breton, ihren *Huipil,* ihre mexikanische Bluse, die mehr als jedes andere Kleidungsstück Fridas Identität als Frau und Künstlerin symbolisiert. Frida macht den traditionellen mexikanischen *Huipil,* der bereits in Chroniken aus dem 16. Jahrhundert erwähnt wird, zu einem wesentlichen Bestandteil ihres Stiles, in jedem Fall stellt er meist das kunstvollste Element ihrer farbenfrohen Kombinationen dar. Der *Huipil* ist eine kurze, weite Bluse, die aus zwei oder drei rechteckigen Stoffstücken besteht. Er wird aus spanischer Baumwolle genäht und mit Blumenmotiven im Kreuzstich bestickt oder aus französischer Seide hergestellt, in die geometrische Muster eingewebt sind, die denen einiger Werke der europäischen künstlerischen Avantgarde ähneln. Bei offizellen Anlässen und Festen werden in der mexikanischen Tradition jedoch nicht *Huipils* aus Seide und Baumwolle bevorzugt, sondern Exemplare aus Samt, die Frida allerdings, vor allem wegen ihres Gewichtes, nicht trägt.

Zu den *Huipils,* die Frida am meisten liebt und die sie bei verschiedenen Gelegenheiten trägt und auf Porträts verewigt, gehört der rot-goldene *Huipil* aus Baumwolle und Seide mit eingewebten geometrischen Mustern, der auf den Fotografien von Fritz

Circa 1950. Frida in einem traditionellen Huipil *aus Seide, mit präkolumbianischem Schmuck, Zöpfen und Blumen in den Haaren.*

Henle (Coyoacán, 1939) und von Nickolas Muray (New York, 1946) sowie auf den Gemälden *Árbol de la esperanza, mantente firme* (*Baum der Hoffnung, bleibe stark,* 1946, Paris, Sammlung Daniel Filipacchi), auf *Autorretrato con el pelo suelto* (*Selbstbildnis mit offenem Haar,* 1947, Privatsammlung), auf dem *Autorretrato con mono* (*Selbstporträt mit Affen,* 1945, Cuernavaca, Robert Brady Foundation) und auf *Autorretrato con vestido rojo y dorado* (*Selbstporträt im rot-goldenen Kleid,* The Jaques and Natasha Gelman Collection of 20th Century Mexican Art and The Vergel Foundation) von 1941 zu sehen ist.

Ab Ende der 1940er-Jahre bis zu ihrem Tod bevorzugt Frida eine breitere Variante des *Huipil* in Form einer weißen Hemdtunika aus Baumwolle mit der für Oaxaca, eine Provinz im Süden Mexikos, typischen Stickerei des Yalalag-Kreuzes oder mit Blumenmotiven und Spitzenapplikationen am Kragen, an den Manschetten und am unteren Rand. In diesem Kleidungsstück, das aufgrund seiner Weite besonders bequem ist, wird Frida auf zahlreichen Fotos im Garten der Casa Azul und beim Malen im Rollstuhl sitzend abgebildet.

Huipils *auf einer Illustration aus dem 16. Jahrhundert. Die bestickten Blusen wurden von mexikanischen Frauen adliger Herkunft getragen (Buch VIII des* Codex Florentinus, *Florenz (Biblioteca Medicea Laurenziana).*

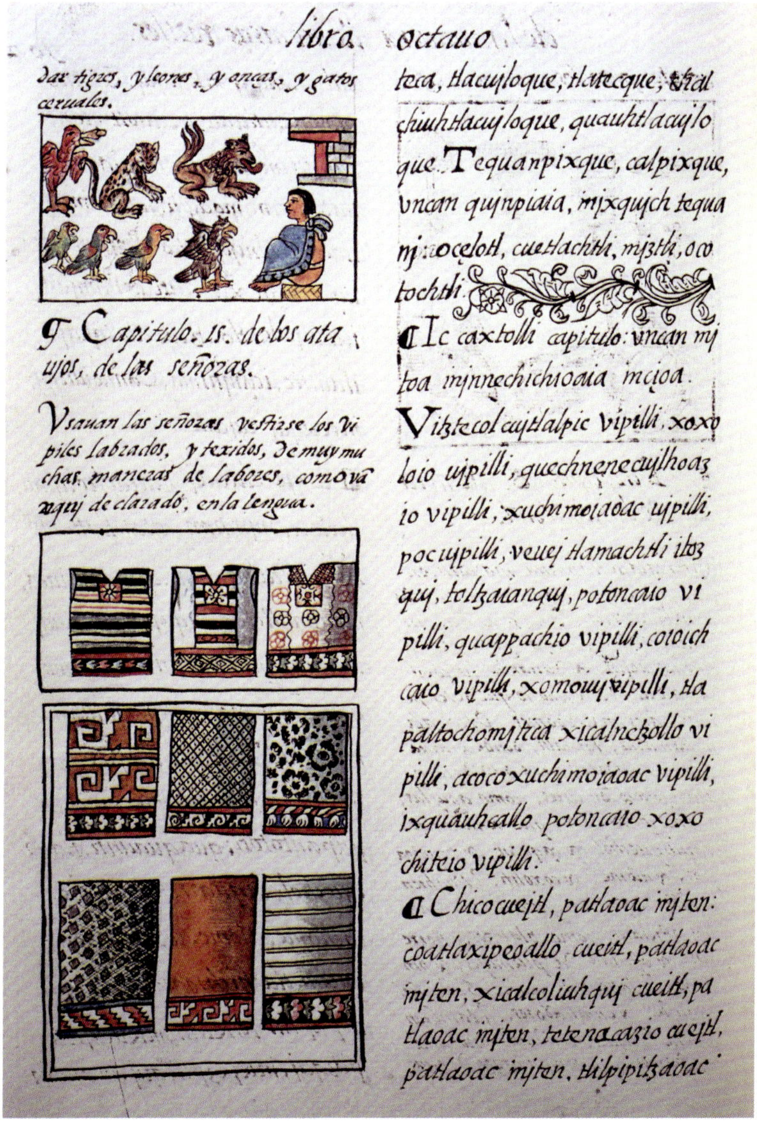

libro. octauo

dar tigres, y leones, y oncas, y gatos ceruales.

Capitulo. 15. de los atauios, de las señoras.

Vsauan las señoras vestirse los vipiles labrados, y texidos, de muy muchas maneras de labores, como va aquí declarado, en la lengua.

teca, tlacujloque, tlateque, chalchiuhtlacujloque, quauhtlacujloque. Tequanpixque, calpixque, vncan qujnpiaia, mjxquich tequanj: ocelotl, cuetlachtli, mjztli, ocotochtli.

Ic caxtolli capitulo: vncan mjtoa injnnechichioaia incioa.

Vitztecolcujtlalpic vipilli, xoxoloio vipilli, quechnenecujlhoazio vipilli, xuchimoiaoac vipilli, pocujpilli, veuej tlamachtli itozquj, toltzaianquj, potoncaio vipilli, quappachio vipilli, cotoichcaio vipilli, xomoiuj vipilli, tlapaltochomjtecca xicalnchollo vipilli, acocoxuchimoiaoac vipilli, ixquauhcallo potoncaio xoxochiteio vipilli.

Chicocuejtl, patlaoac mjten: coatlaxipeoallo cueitl, patlaoac mjten, xicalcoliuhquj cueitl, patlaoac mjten, tetenacazio cueitl, patlaoac mjten, tlilpipitzaoac

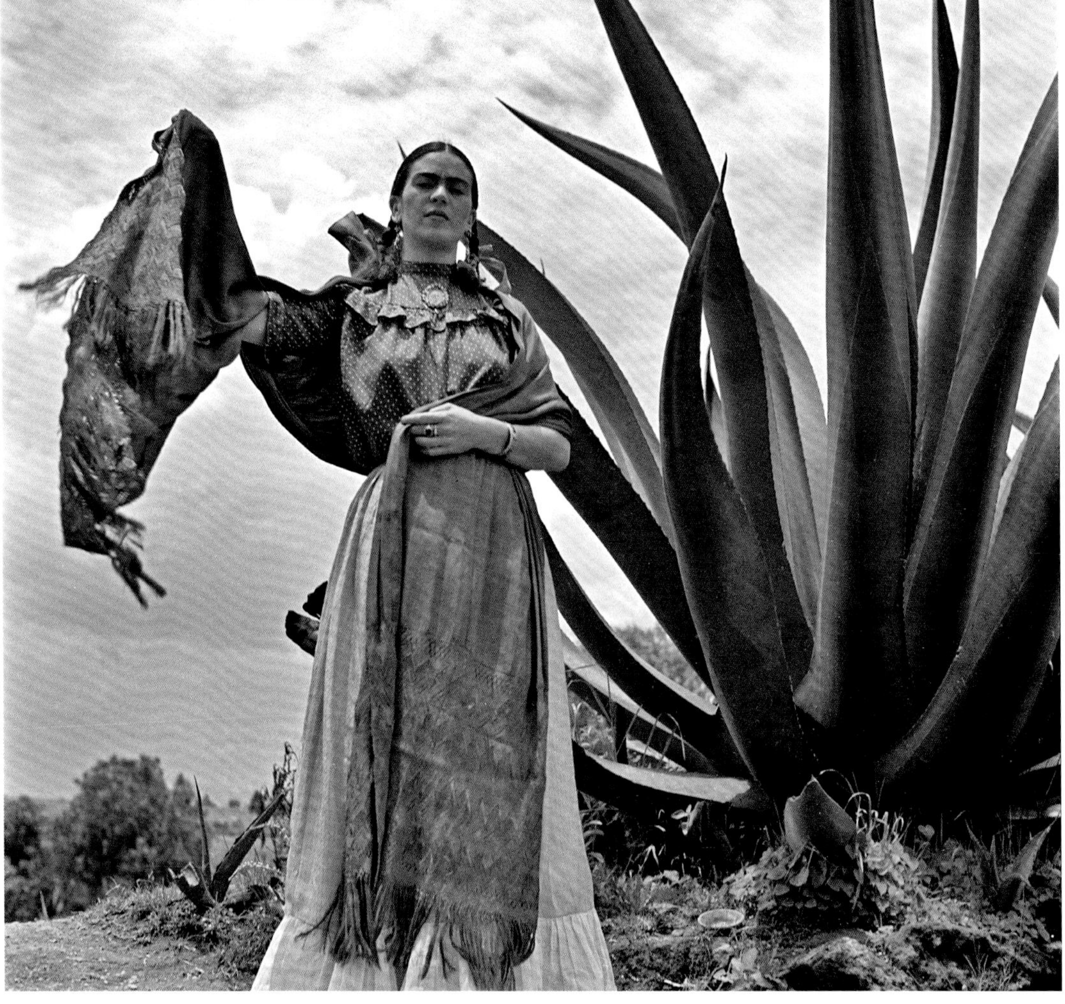

1937. Frida, fotografiert von Toni Frissell für die amerikanische Vogue.

*

Frida und der *Rebozo.* Eine Geschichte, die man anhand der Werke der mexikanischen Künstlerin und auch anhand Tausender Fotografien erzählen kann, auf denen sie fast immer mit diesem Kleidungsstück zu sehen ist, das im Laufe der Jahrhunderte zu einem zentralen Element der mexikanischen Garderobe geworden ist, zu einem festen Bestandteil des täglichen Lebens der Frauen, von denen jede mindestens ein Exemplar besitzt.

Frida gilt auch wegen ihrer besonderen Art, den *Rebozo* zu tragen, als Stilikone – mit den unterschiedlichsten Blumen- oder geometrischen Mustern oder auch einfarbig, aber immer als unverwechselbares Stilelement, zum Beispiel auf der Aufnahme von Toni Frissell von 1937 oder auf dem Foto von Nickolas Muray *Frida Kahlo mit dem magentafarbenen Rebozo* aus dem Jahr 1939.

Einige historische *Rebozo*-Exemplare finden sich heute im Franz-Mayer-Museum in Mexiko-Stadt, im British Museum in London und in den Sammlungen von Robert Everts (1875–1942), einem britischen Diplomaten in Mexiko zu Beginn des 20. Jahrhunderts, und von Ruth D. Lechuga (1920–2004), die viele Objekte der mexikanischen Kultur und Volkskunst enthalten.

*

Der weite Rock mit Spitze am unteren Saum, die *Enagua,* erlaubt es Frida, ihre unteren Gliedmaßen zu bedecken, die nach dem traumatischen Busunfall vom 17. September 1925 entstellt sind. Frida trägt eine Vielzahl von Modellen, sehr schlichte aus weißer Baumwolle, farbenfrohe, bestickte, auch in Kombination mit Blusen im westlichen Stil, wie in dem Werk *Las dos Fridas* (*Die zwei Fridas,* 1939, Mexiko-Stadt, Museum für Moderne Kunst).

Andererseits trägt Frida auf einem Foto von Ende der 1930er-Jahre, auf dem sie mit Dolores del Rio und anderen Freunden in einem Garten zu sehen ist, die seltene Kombination von *Enagua* und *Huipil* mit denselben geometrischen Motiven, ein Beispiel für die perfekte Verbindung von Ober- und Unterteil der mexikanischen Tracht.

»Es gab eine Zeit, in der ich mich als Mann gekleidet habe, mit sehr kurzen Haaren, Hose, Stiefeln und Lederjacke, aber wenn ich mich mit Diego traf, zog ich ein Tehuana-Kostüm an.«

Frida Kahlo
(*Bambi, Frida dice lo que sabe,* in *Excelsior* (Mexiko-Stadt), 15. Juni 1954, S. 1)

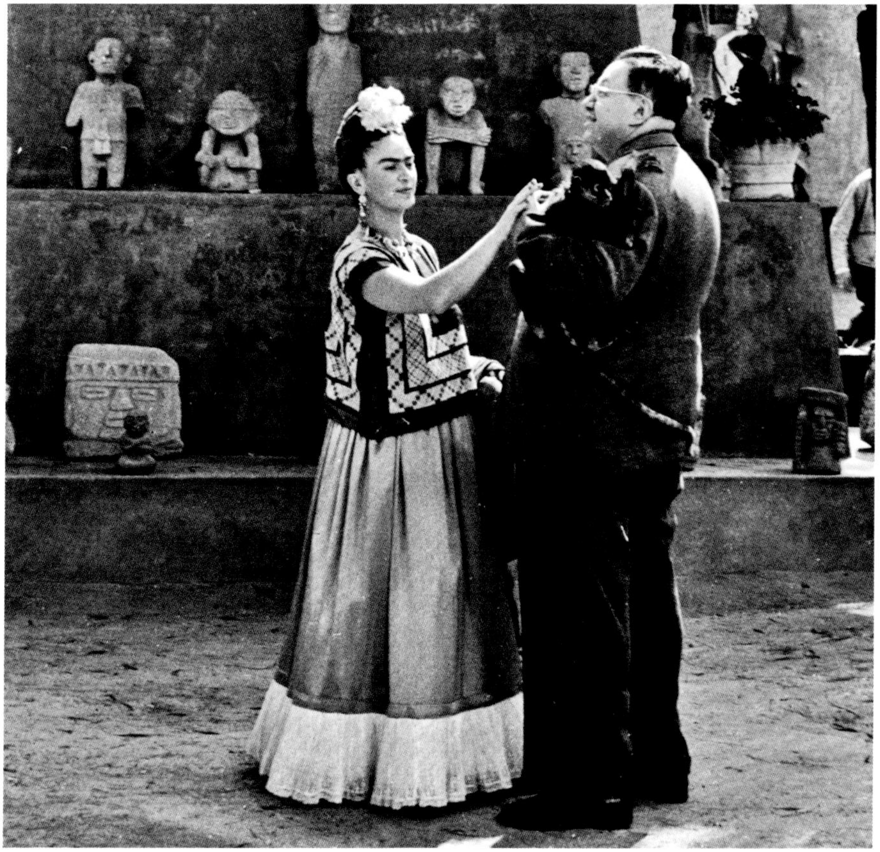

1940er-Jahre, Mexiko-Stadt. Frida, in traditioneller Tehuana-*Kleidung, und Diego mit einem Affenbaby vor einer Hütte mit einer Reihe von archäologischen Artefakten aus Mexiko.*

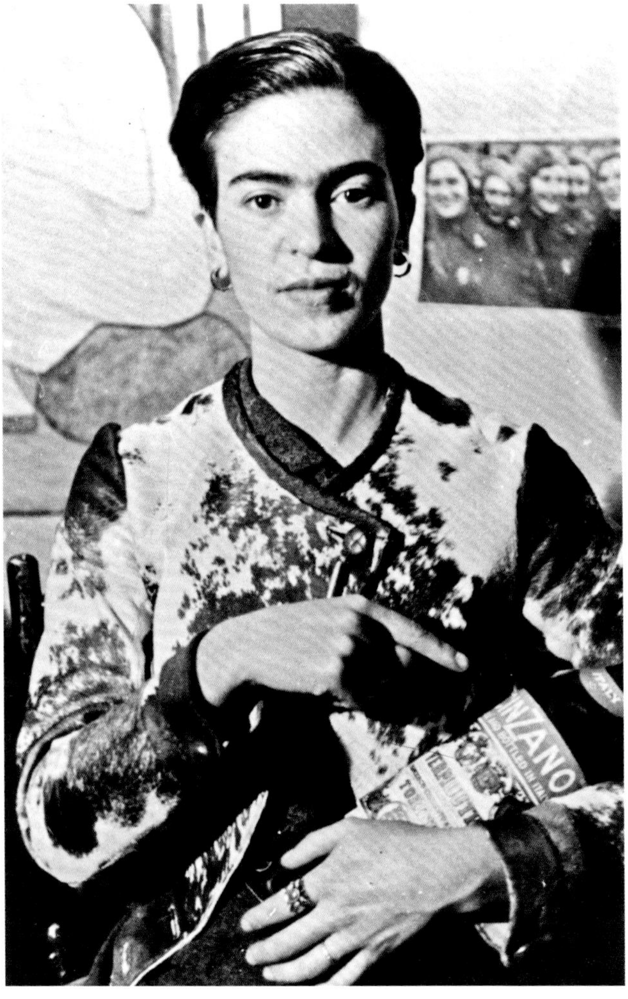

*

Den Gegensatz zwischen bürgerlichem westlichem Stil und mexikanischer Kultur benutzt Frida, um ihre Vielfältigkeit, ihre Verbundenheit mit den indigenen Bauernfrauen und deren Beziehung zum Land darzustellen und sie mit den von den Stadtfrauen respektierten sozialen Regeln zu kontrastieren.

Frida nutzt die Gegenüberstellung von bürgerlicher und traditioneller mexikanischer Kleidung auch als Symbol für ihre ambivalente Persönlichkeit. Auf dem Werk *Las dos Fridas* (*Die zwei Fridas,* 1939, Mexiko-Stadt, Museum für Moderne Kunst) wird das traditionelle *Tehuana*-Kleid mit *Huipil* und *Enagua* mit einer Spitzenbluse mit Stehkragen im viktorianischen Stil kontrastiert, die über einem Rock aus mexikanischer Baumwolle mit Kreuzstich-Blumenstickerei getragen wird. Zwei ästhetische Identitäten, ein Schmerz: die Abkehr von Diego. Ein Mix aus Kulturen und Stilen, der auch für ihre Herkunft steht: mexikanische Mutter und deutscher Vater.

Neben einfachen weißen Baumwollblusen gehörte zu Fridas bevorzugten Kleidungsstücken im westlichen Stil auch ein Bolero aus geflecktem Rindsleder, den sie auf den 1935 in New York aufgenommenen Fotografien von Lucienne Bloch und auf ihrem Gemälde *Memoria* (1937, Privatsammlung) trägt.

1935. Frida, porträtiert von Lucienne Bloch in New York mit einem Bolero aus Rindsleder und einer Flasche Cinzano.

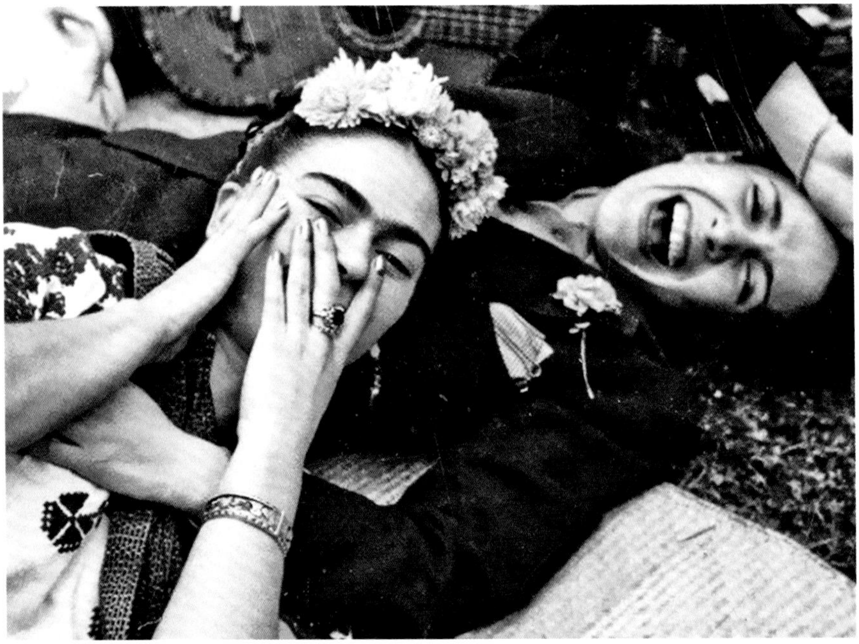

Ende der 1930er-Jahre. Frida, in traditioneller mexikanischer Kleidung, und Chavela Vargas, die einen Männeranzug trägt.

*

Ihre Bisexualität bringt Frida dadurch zum Ausdruck, dass sie zu bestimmten Zeiten ihres Lebens Männerkleidung und kurze Haare trägt und so den androgynen Stil, der in der zeitgenössischen Mode so beliebt ist, vorwegnimmt. Schon in den 1920er-Jahren trägt Frida die Hosen und Jacketts ihres Vaters (*Frida als Mann gekleidet auf einem Familienfoto,* Coyoacán, 7. Februar 1926), aber auch nach der Trennung von Diego in dem berühmten *Autorretrato con pelo corto* (*Selbstporträt mit abgeschnittenen Haaren,* 1940, New York, MoMA) zeigt sie sich im Anzug und nimmt damit um einige Jahre die Entwicklung vorweg, die später das amerikanische Kino mit dem verführerischen und erotisch aufgeladenen Männeroutfit einleitet, das Travis Banton Marlene Dietrich für Josef von Sternbergs Film *Marokko* (1930) auf den Leib schneidert. Auf einer berühmten Aufnahme aus den 1930er-Jahren sitzt Marlene bei einer Dinnerparty ebenfalls in Männerkleidung neben der mexikanischen Schauspielerin Dolores del Río, die ein *Tehuana*-Kleid trägt. Dolores del Río hatte eine Enge Bindung zu Frida, die ihr 1939 das Gemälde *Dos desnudos en un bosque* (*Zwei Akte im Wald*) schenkt, das deutliche sapphische Bezüge aufweist. Auf einer Fotografie aus den frühen 1940er-Jahren ist hingegen Chavela Vargas in Männerkleidung zu sehen, während Frida den traditionellen weißen Baumwoll-*Huipil* mit Kreuzstichstickerei, den *Rebozo* mit dicht gewebten geometrischen Mustern, die Blumenkrone, den Solitär am Mittelfinger und einen geprägten Armreif trägt.

Der androgyne Stil wird dann zum Referenzmodell für die Kreation des Damensmokings durch Yves Saint Laurent (1966) und Giorgio Armani (1992), den es mittlerweile in tausend Variationen gibt.

*

Die Gipskorsetts werden an Fridas Körper angepasst. Sie haben Schnallen und Nähte aus mit Wachs beschichtetem Hanfgarn, manche sind auch aus Holz mit Lederschnallen gefertigt. Das Korsett wird zum Ausdruck ihrer physischen Zerbrechlichkeit und ihrer Kommunikationsstärke, zu einem unverzichtbaren Teil ihres eigenen Körpers. Auf der Zeichnung *Las Apariencias Engañan* (*Der Schein trügt*) von 1934 stellt sich Frida als nackte Silhouette mit einer Metallstange als Wirbelsäule, einem Korsett als einzigem komplett gemaltem Kleidungsstück und nur der Skizze eines *Tehuana*-Kleides dar.

Indem sie die Korsetts verziert, erzählt Frida daher Geschichten, sendet Botschaften und unterstreicht ihre politische und soziale Position. Frida stellt sie sowohl in ihren Gemälden als auch in Fotoshootings zur Schau, wo sie fast wie politische Proklamationen wirken, zum Beispiel auf den Aufnahmen von Juan Guzman (*Frida im ABC Medical Center mit Gipskorsett*) und von Florence Arquin (*Frida in einem mit Hammer und Sichel verzierten Korsett*) aus den 1950er-Jahren. Auf dem Werk *El marxismo dará la salud a los enfermos* (*Der Marxismus wird die Kranken heilen,* 1954, Coyoacán, Frida-Kahlo-Museum) zeigt sich Frida im traditionellen *Enagua*-Rock und in einem Lederkorsett, während sie auf *La columna rota* (*Die gebrochene Säule,* 1944, Mexiko-Stadt, Museo Dolores Olmedo) und auf *Árbol de la esperanza, mantente firme* (*Baum der Hoffnung, bleibe stark,* 1946, Paris, Sammlung Daniel Filipacchi) lieber ihr Lamellenkorsett zeigt, das später durch das Kino (Luc Besson, *Das fünfte Element,* 1997) und die Mode (Jean Paul Gaultier, F/S 1998, Gianfranco Ferré, F/S 1993, Comme des Garçons by Rei Kawakubo, »White Drama« F/S 2012) Kultstatus erhält.

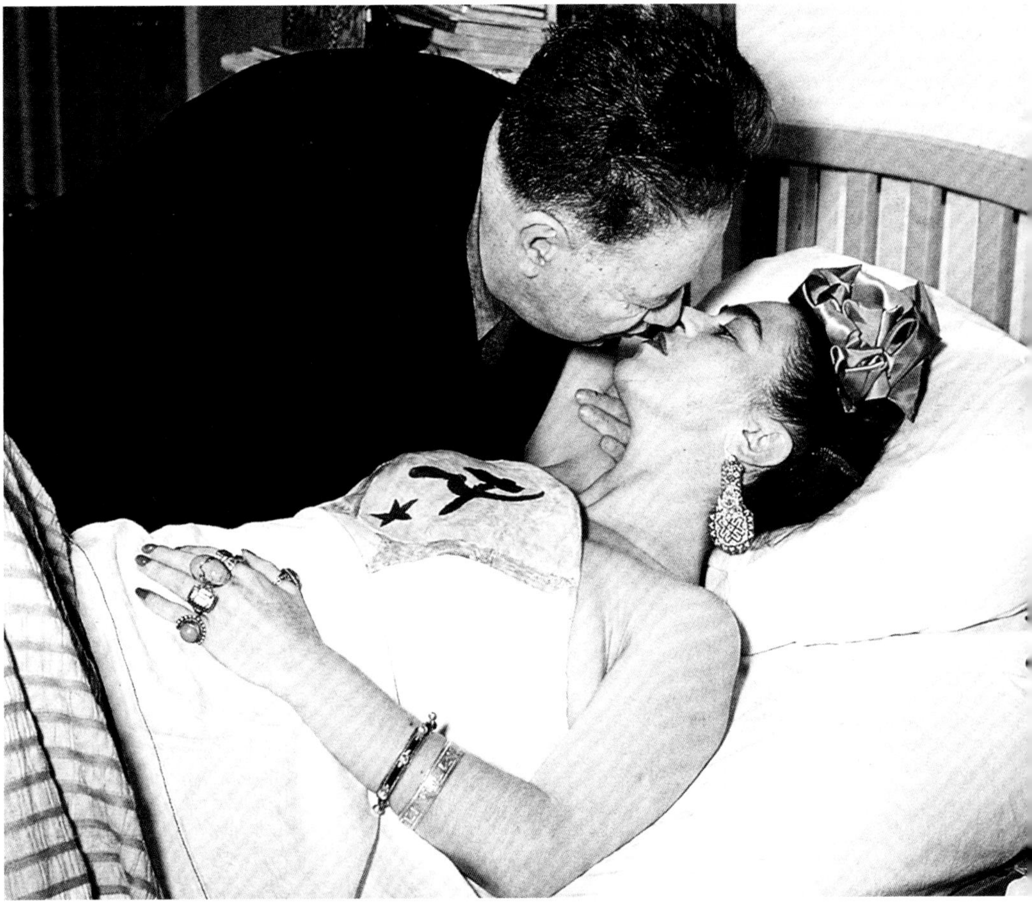

Circa 1950. Diego besucht Frida im ABC Medical Center in Mexiko-Stadt.

»Füße, wofür brauche ich euch, wenn ich Flügel zum Fliegen habe.«

Frida Kahlo
(1953, aus dem persönlichen Tagebuch)

*

Am 17. September 1925 wird Frida Opfer eines Verkehrsunfalles, der ihr Leben für immer verändert. Sie ist ans Bett gefesselt und muss 22-mal operiert werden. Ihr ganzes Leben lang setzt sie sich in ihrem künstlerischen Schaffen mit ihrer Behinderung auseinander und findet in der Mode den perfekten Rahmen, um eine Maske zu präsentieren, die den Schmerz und die Einsamkeit vertreibt.

Ihre verletzte Wirbelsäule wird mit Korsetts stabilisiert, die unterschiedliche Länge ihrer Gliedmaßen durch Stiefel mit unterschiedlich hohen Absätzen ausgeglichen, die aus rotem Leder mit aufgestickten chinesischen Motiven aus Seidenfäden gefertigt sind und die sie abwechselnd mit *Huraces,* den flachen mexikanischen Sandalen, trägt. Die Beziehung zu ihren kranken Füßen thematisiert Frida in Werken wie *Lo que el agua me dio* (*Was das Wasser mir gab*) von 1938 und in der berühmten Skizze von 1953 in ihrem Tagebuch, unter der der Satz steht: *Pies para qué los quiero si tengo alas pa' volar* (Füße, wofür brauche ich euch, wenn ich Flügel zum Fliegen habe).

Nachdem ihr einige Jahre vor ihrem Tod das rechte Bein wegen fortgeschrittenen Wundbrandes amputiert wird, trägt Frida eine Metallprothese mit Lederüberzug. Die Wunden, die zu dem drastischen Eingriff führen werden, sind bereits in dem Werk *Recuerdo de la herida abierta* (*Erinnerung an die offene Wunde*) zu sehen, das erstmals im November 1938 in der Julien Levy Gallery in New York ausgestellt und später durch einen Brand zerstört wird.

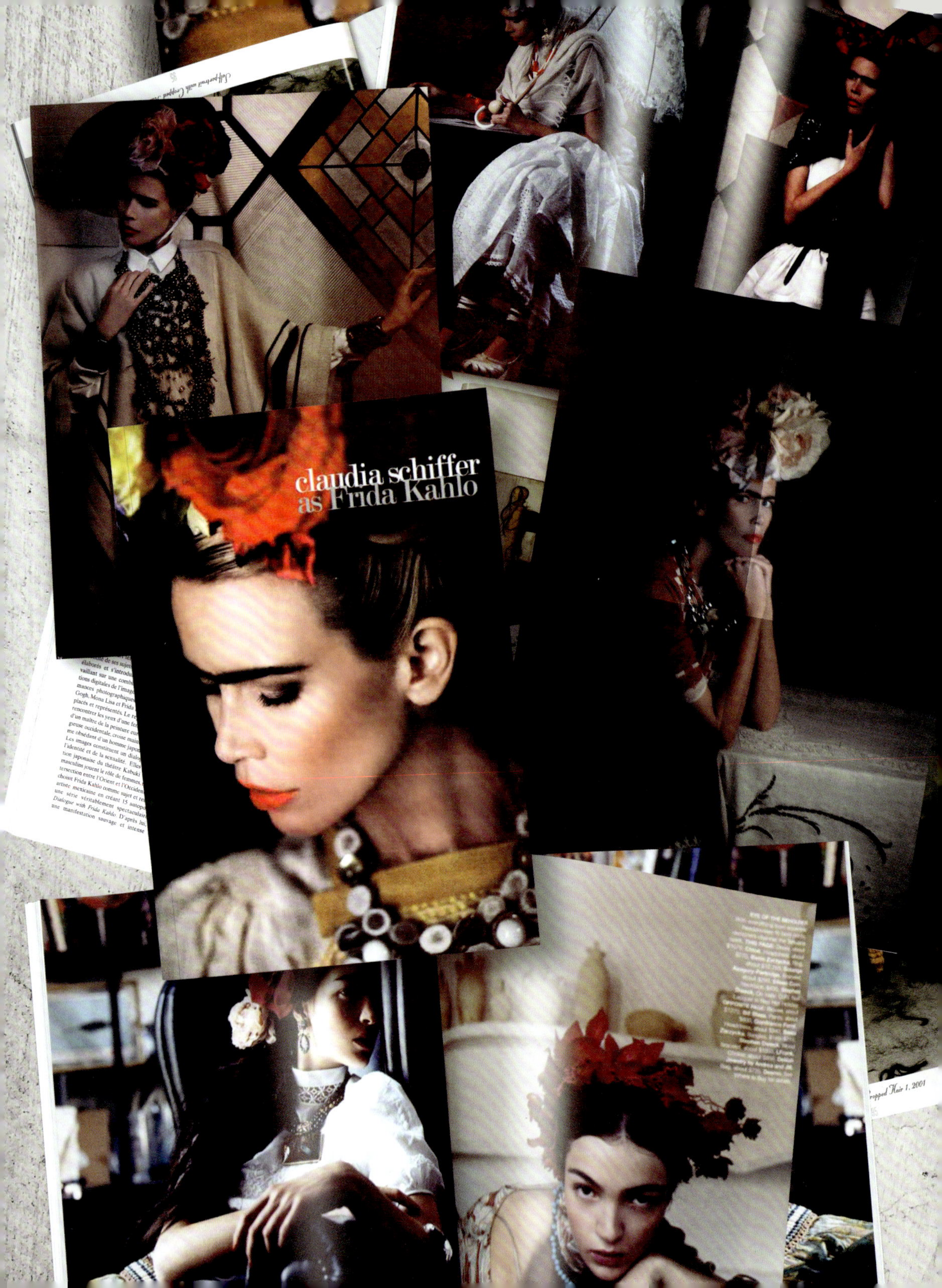
claudia schiffer
as Frida Kahlo
Cropped Hair 1, 2001

*

Als Parfüm wählt Frida den französischen Duft *Shalimar,* der von Jacques Guerlain kreiert und 1925 in Paris auf der *Internationalen Ausstellung für dekorative Künste* vorgestellt wird. Der Name des Parfüms ist eine Hommage an die Shalimar-Gärten, die zwischen 1641 und 1642 in Lahore (Pakistan) vom indischen Kaiser Shah Jahan angelegt wurden. Frida konfrontiert und verführt die Welt der Mode, ja, sie findet sogar Trost in dieser Welt, die sie bis heute feiert und ehrt. Bereits 1936 veröffentlicht die amerikanische *Vogue* die Reportage *Lust for Lamè,* in der ein von André Durst fotografiertes Model eine Kreation von Elsa Schiaparelli mit einer von Frida inspirierten Frisur trägt. Elsa Schiaparelli selbst widmet ihr 1939 eine eigene Kreation: die *Robe Madame Rivera.* So verliebt sich die Modewelt in diese Erscheinung, die selbst nicht Teil der Welt der Mode ist, über die aber auch in der Oktoberausgabe 1937 der amerikanischen *Vogue* berichtet wird. In den letzten Jahren haben sich sogar Supermodels in Frida verwandelt, zum Beispiel die Brasilianerin Mariacarla Boscono auf Fotos von Nathaniel Goldberg (*Harper's Bazaar* USA, November 2001) oder auch Claudia Schiffer, die von Karl Lagerfeld als Frida inszeniert wurde (deutsche *Vogue,* März 2010).
Im November 2012 erscheint die berühmte Aufnahme von Nickolas Muray aus dem Jahr 1939, die nie in der *Vogue* veröffentlicht wurde, auf dem Titelbild der Beilage der mexikanischen *Vogue* zur ersten Ausstellung über Fridas wiederentdeckte Garderobe.

Gegenüberliegende und nächste Seite: Fridamania. Topmodels und Schauspielerinnen verwandeln sich in Frida auf den Seiten von Harper's Bazaar, Vogue, Elle, Style.

Seiten 88–89: 4. Oktober 2017, Manchester. Die britische Premierministerin Theresa May trägt während der Abschlussrede des Parteitags der Konservativen ein Armband mit Porträts von Frida Kahlo.

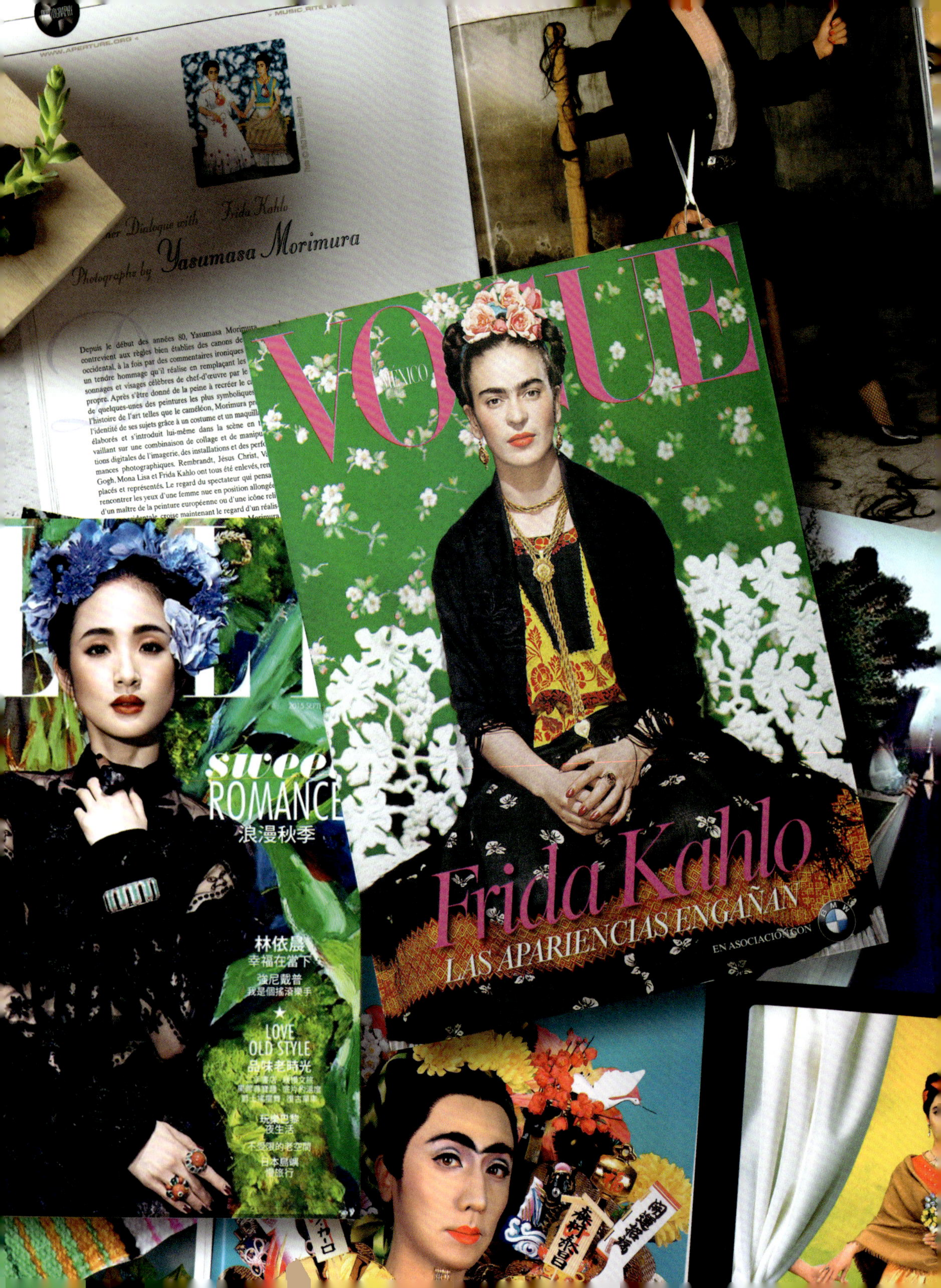

Photographs by Yasumasa Morimura
VOGUE
MÉXICO
Frida Kahlo
LAS APARIENCIAS ENGAÑAN
EN ASOCIACIÓN CON
sweet ROMANCE
浪漫秋季
林依晨
幸福在當下
強尼戴普
我是個搖滾樂手
LOVE OLD STYLE
品味老時光

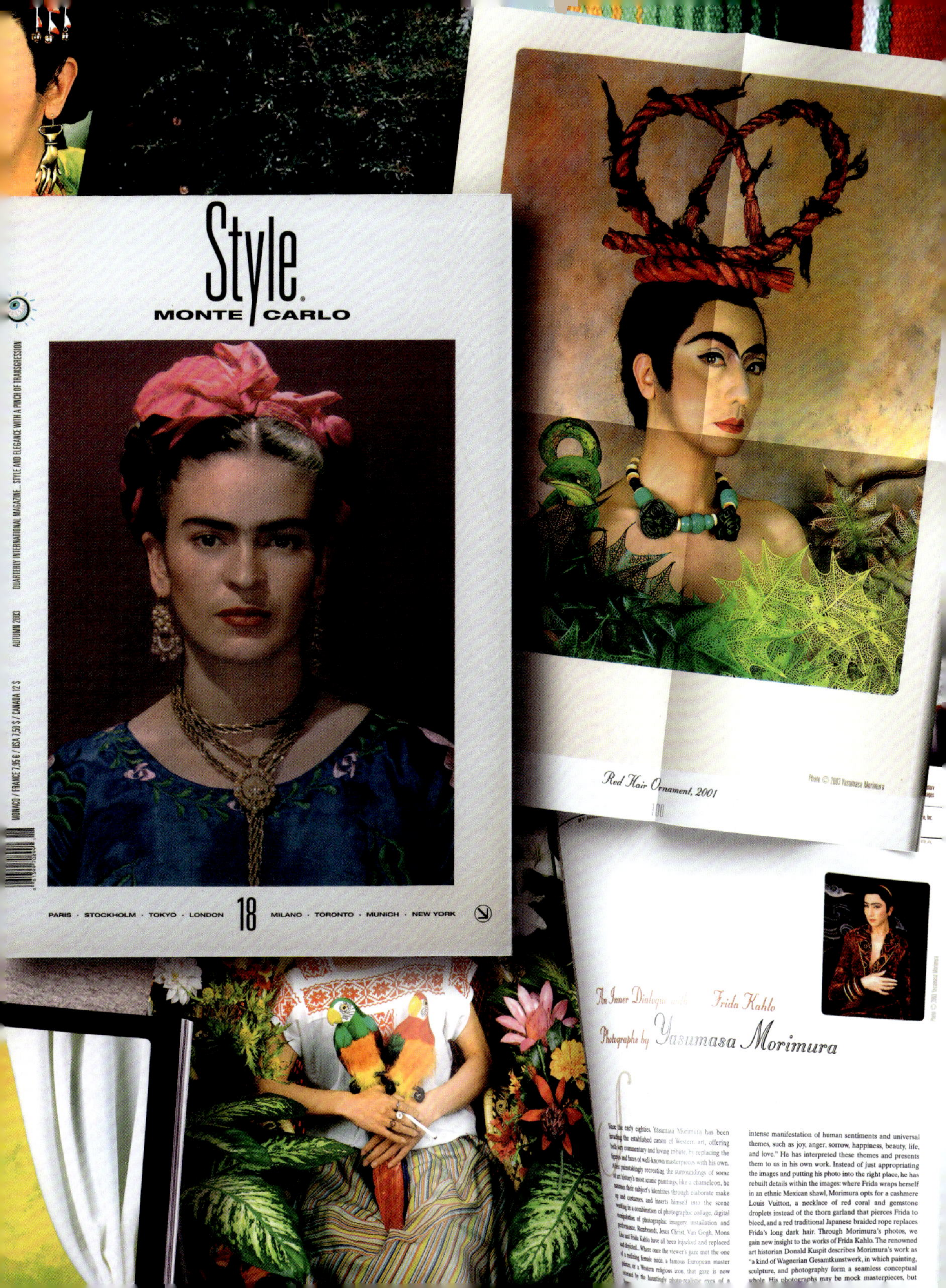
Style
MONTE CARLO
QUARTERLY INTERNATIONAL MAGAZINE... STYLE AND ELEGANCE WITH A PINCH OF TRANSGRESSION
AUTUMN 2003
MONACO / FRANCE 7,95 € / USA 7,50 $ / CANADA 12 $
PARIS · STOCKHOLM · TOKYO · LONDON
18
MILANO · TORONTO · MUNICH · NEW YORK
Red Hair Ornament, 2001
Photo © 2003 Yasumasa Morimura
100
An Inner Dialogue with Frida Kahlo
Photographs by Yasumasa Morimura
early eighties, Yasumasa Morimura has been
the established canon of Western art, offering
commentary and loving tribute, by replacing the
and faces of well-known masterpieces with his own.
painstakingly recreating the surroundings of some
history's most iconic paintings, like a chameleon, he
their subject's identities through elaborate make
costumes, and inserts himself into the scene
in a combination of photographic collage, digital
of photographic imagery, installation and
Rembrandt, Jesus Christ, Van Gogh, Mona
Frida Kahlo have all been hijacked and replaced
Where once the viewer's gaze met the one
female nude, a famous European master
Western religious icon, that gaze is now
by the hauntingly photo-realistic eyes of a
intense manifestation of human sentiments and universal themes, such as joy, anger, sorrow, happiness, beauty, life, and love." He has interpreted these themes and presents them to us in his own work. Instead of just appropriating the images and putting his photo into the right place, he has rebuilt details within the images: where Frida wraps herself in an ethnic Mexican shawl, Morimura opts for a cashmere Louis Vuitton, a necklace of red coral and gemstone droplets instead of the thorn garland that pierces Frida to bleed, and a red traditional Japanese braided rope replaces Frida's long dark hair. Through Morimura's photos, we gain new insight to the works of Frida Kahlo. The renowned art historian Donald Kuspit describes Morimura's work as "a kind of Wagnerian Gesamtkunstwerk, in which painting, sculpture, and photography form a seamless conceptual whole. His photographs may be mock masterpieces, but

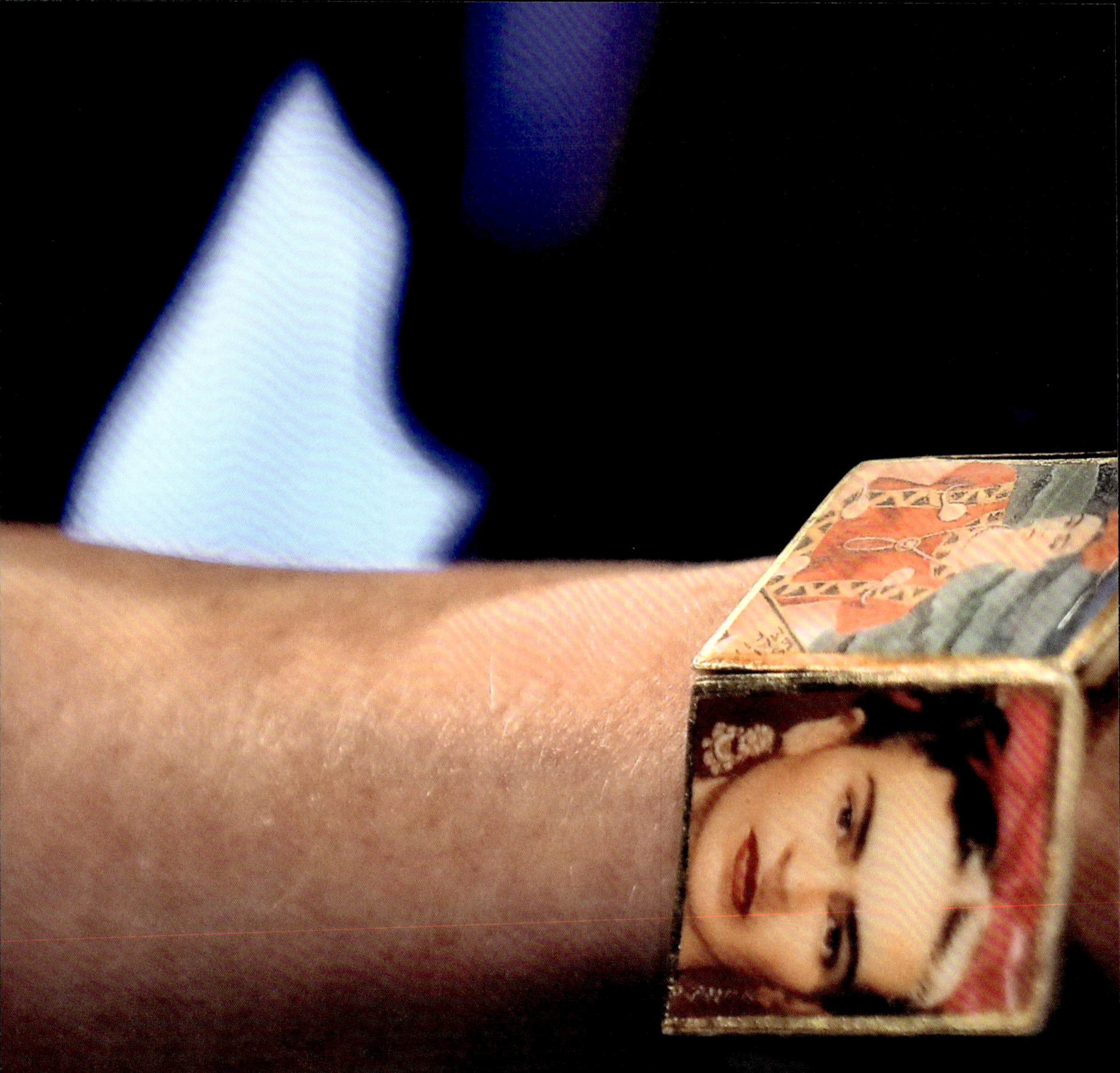

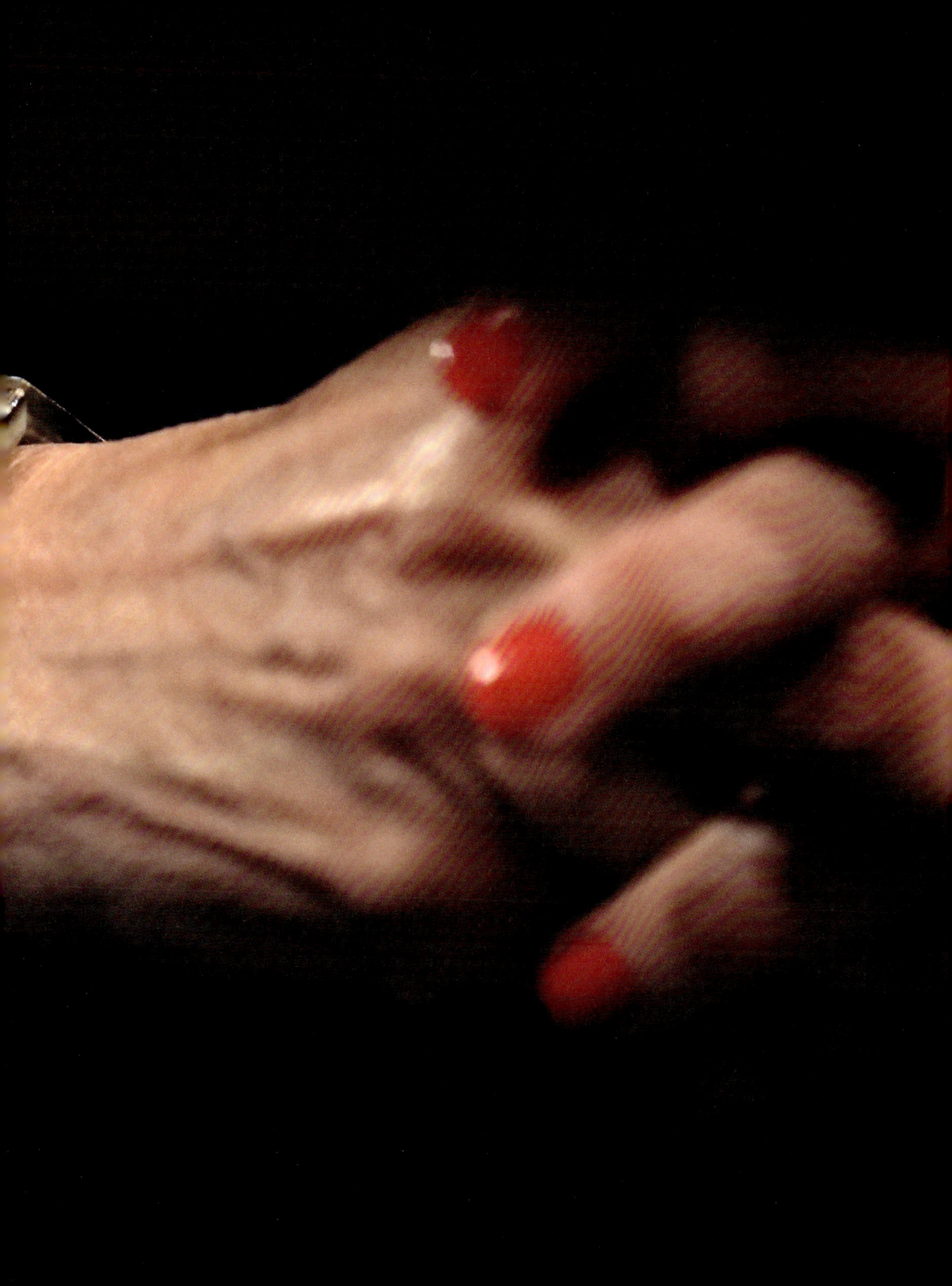

»Frida suchte nach einer neuen Identität, und sie tat dies mit dem Ernst einer Nonne, die den Schleier nimmt.«

Hayden Herrera
Frida Kahlo: Ein leidenschaftliches Leben,
Frankfurt 1998

Die Mode zitiert Frida

Faszination

Elsa Schiaparelli

Robe Madame Rivera

1939

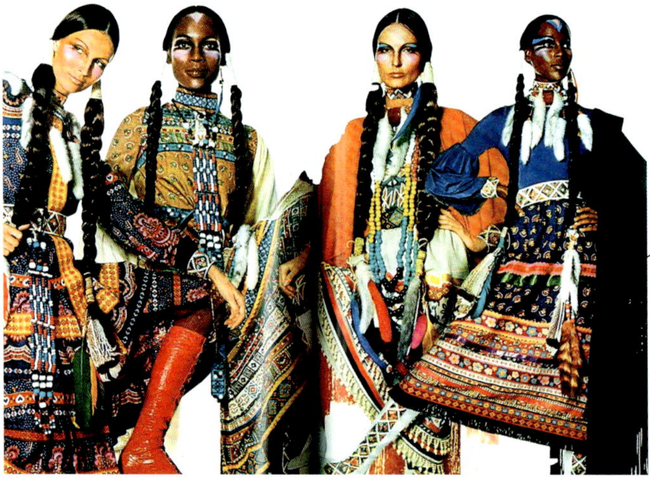

Giorgio di Sant'Angelo

Native American Collection

1970

Mila Schön

italienische Vogue

März

1971

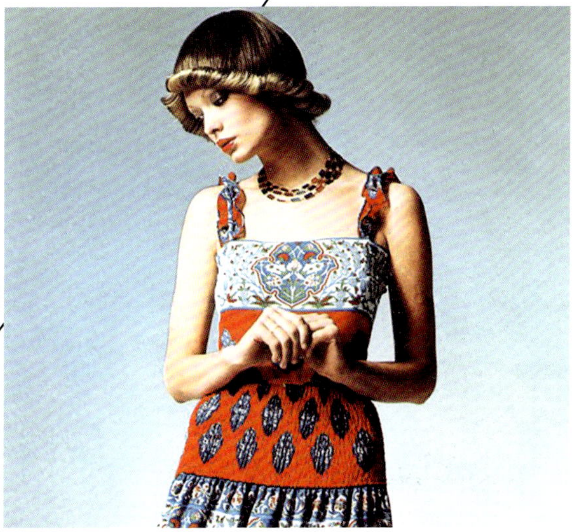

Mila Schön

Frühling/Sommer

1972

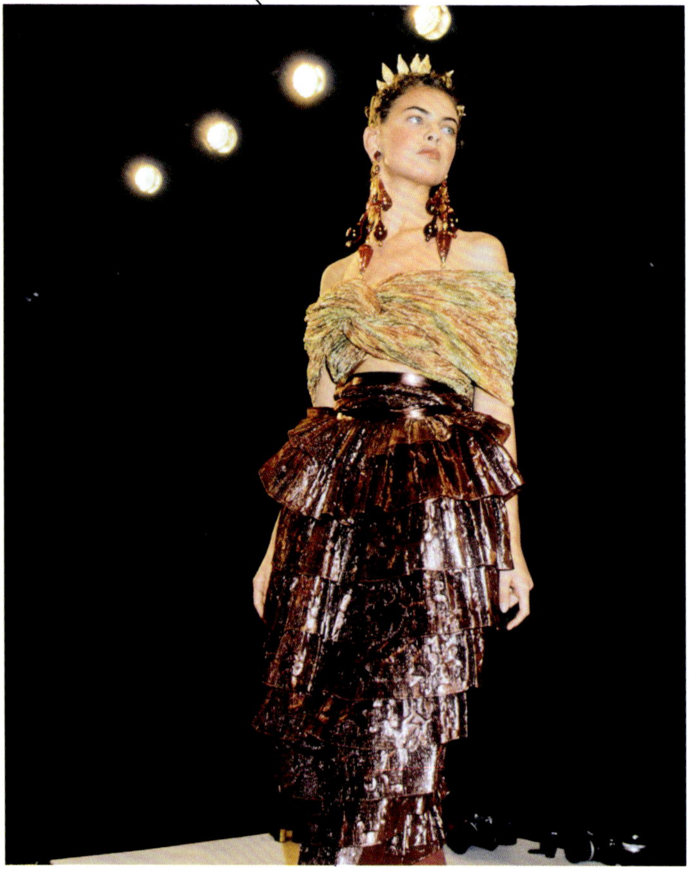

Romeo Gigli

Frühling/Sommer

1990

Gianfranco Ferré

Frühling/Sommer

1993

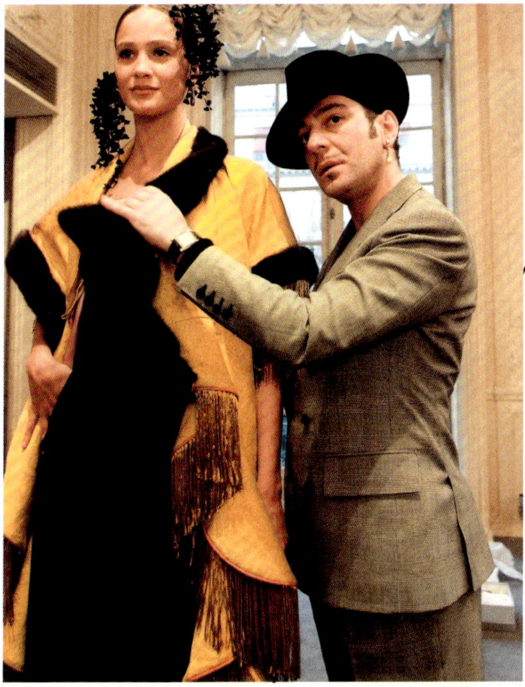

Dior by John Galliano

Frühling/Sommer

1996

Jean Paul Gaultier

Frühling/Sommer

1998

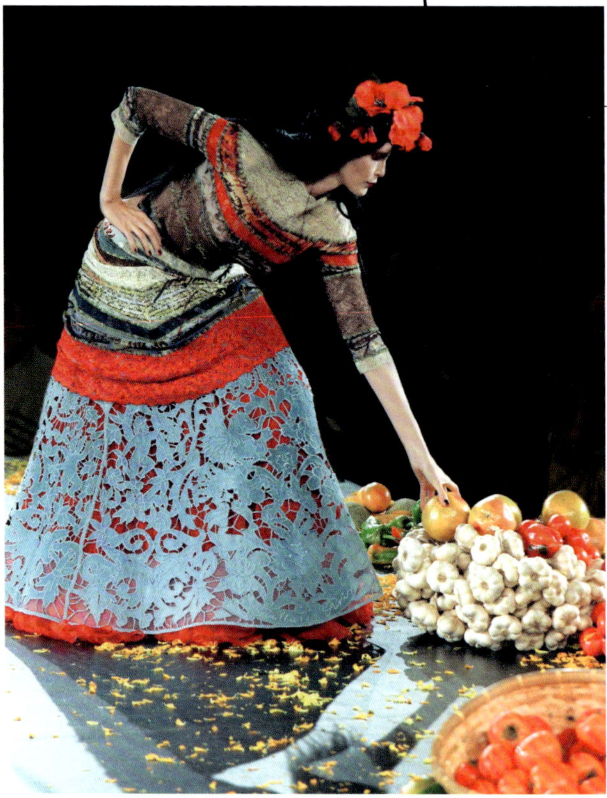

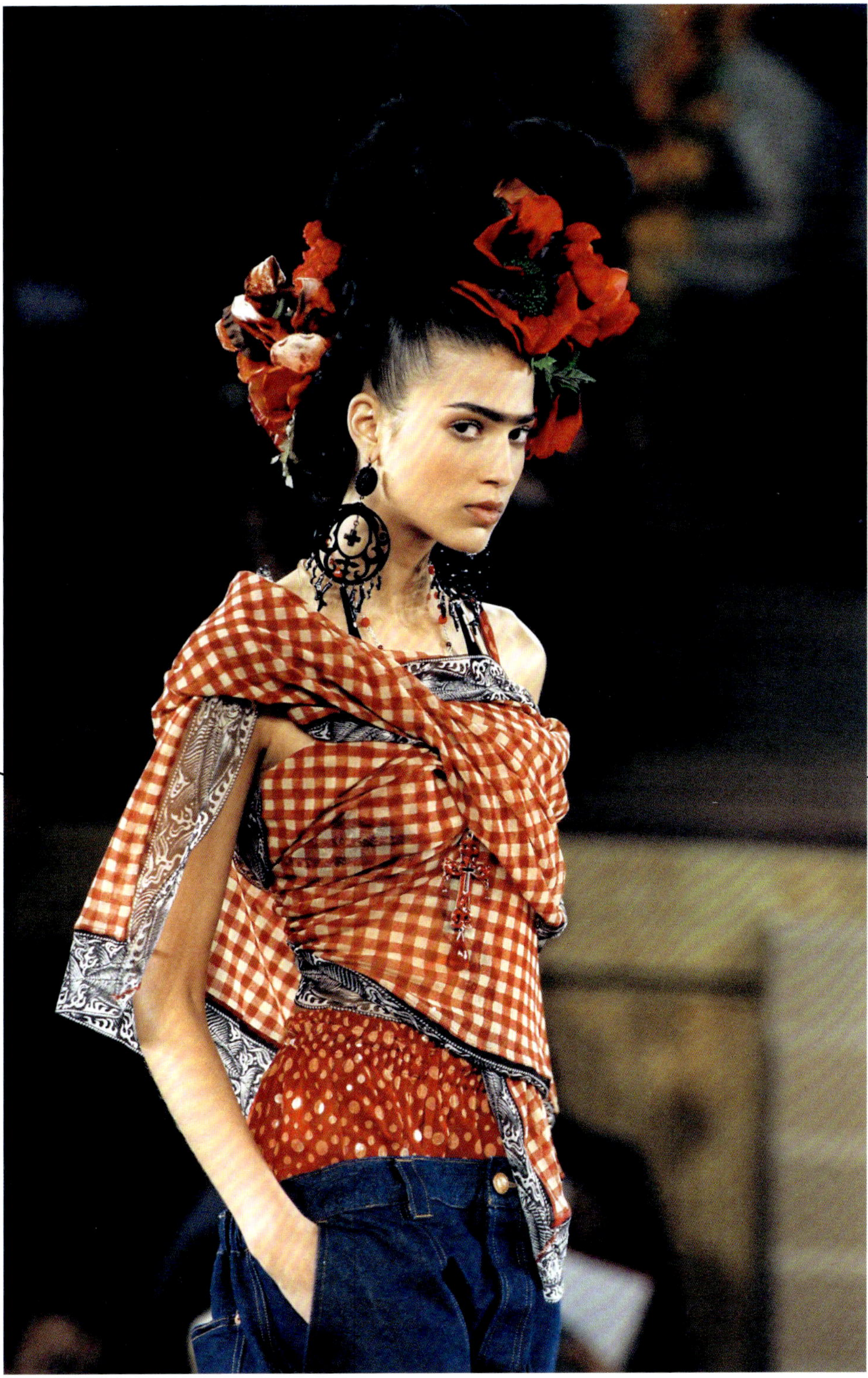

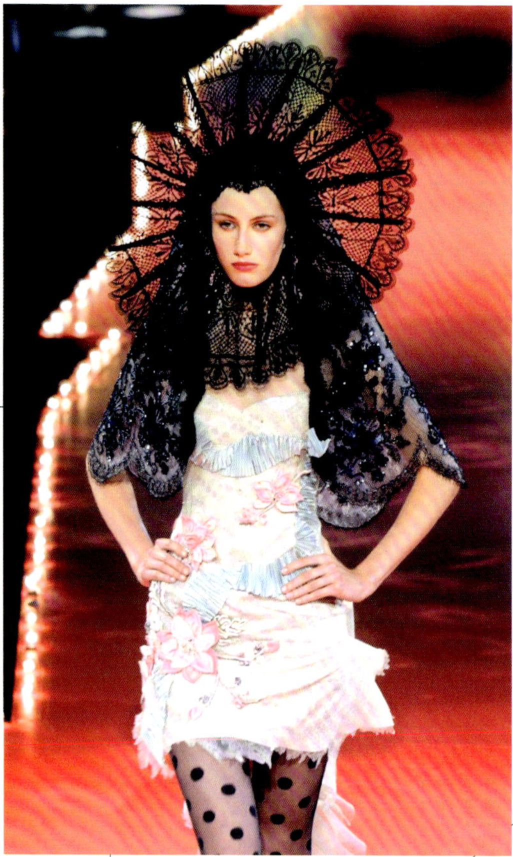

Christian Lacroix

Herbst/Winter

2001

Clemente Ribeiro

Ready to wear

Herbst/Winter

2005/2006

Temperley London

Ready to wear

Frühling/Sommer

2005/2006

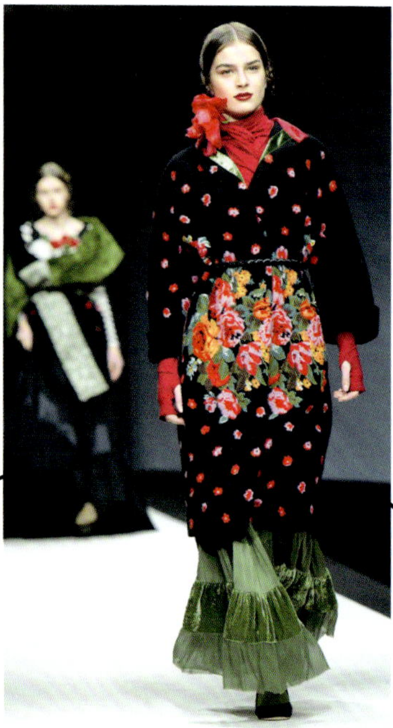

Antonio Marras

Herbst/Winter

2005/2006

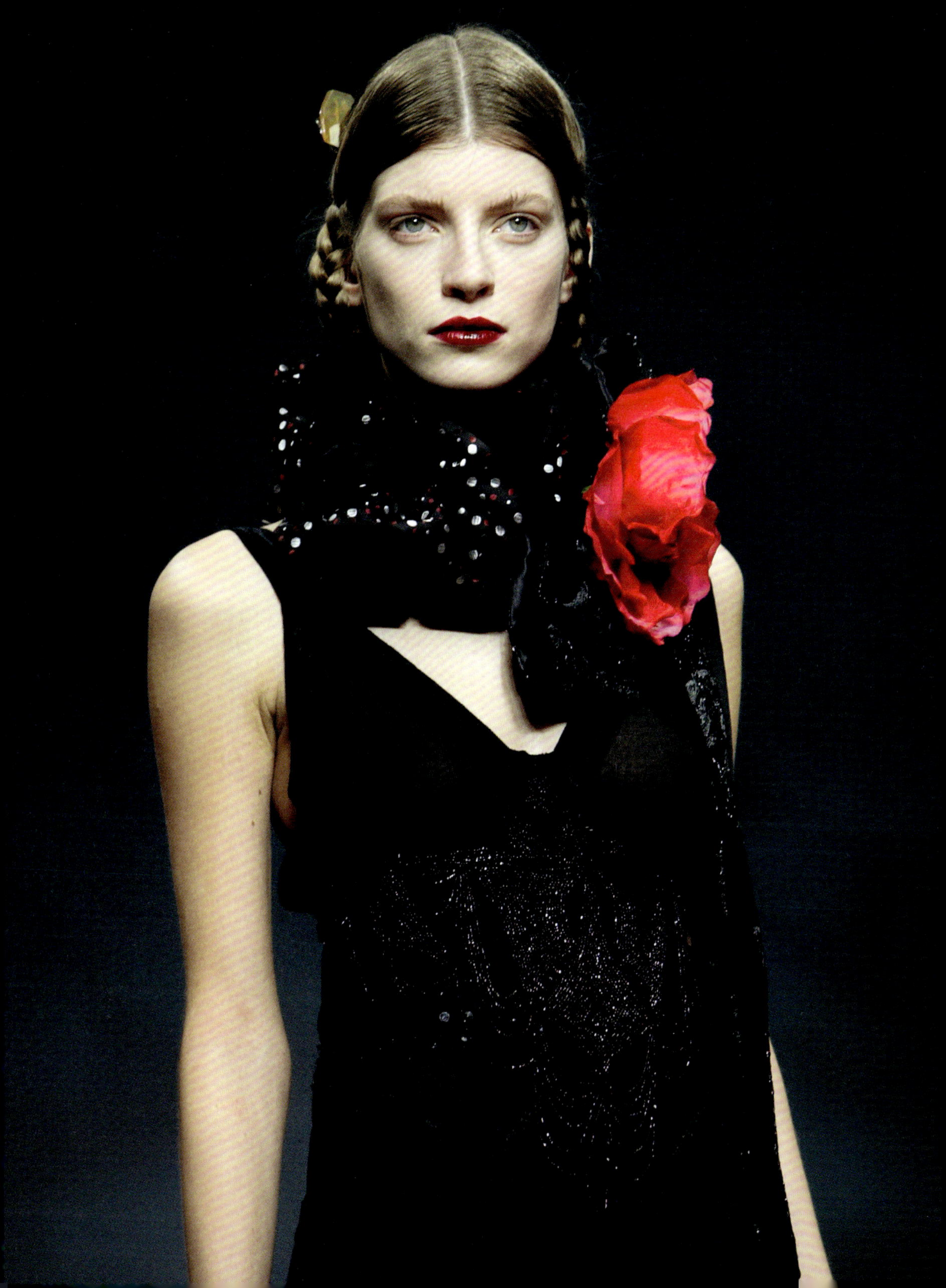

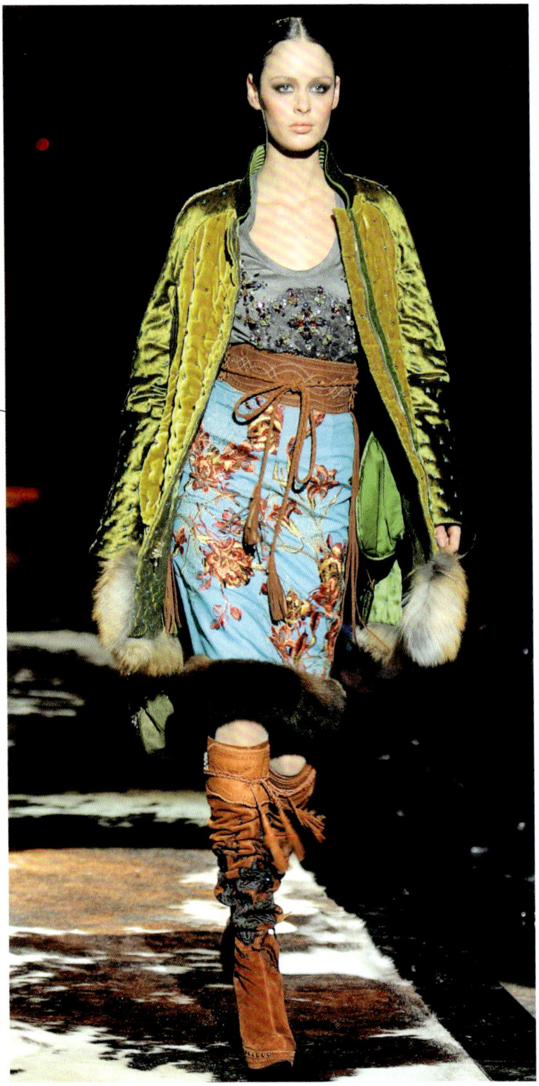

Gianfranco Ferré

Herbst/Winter

2005/2006

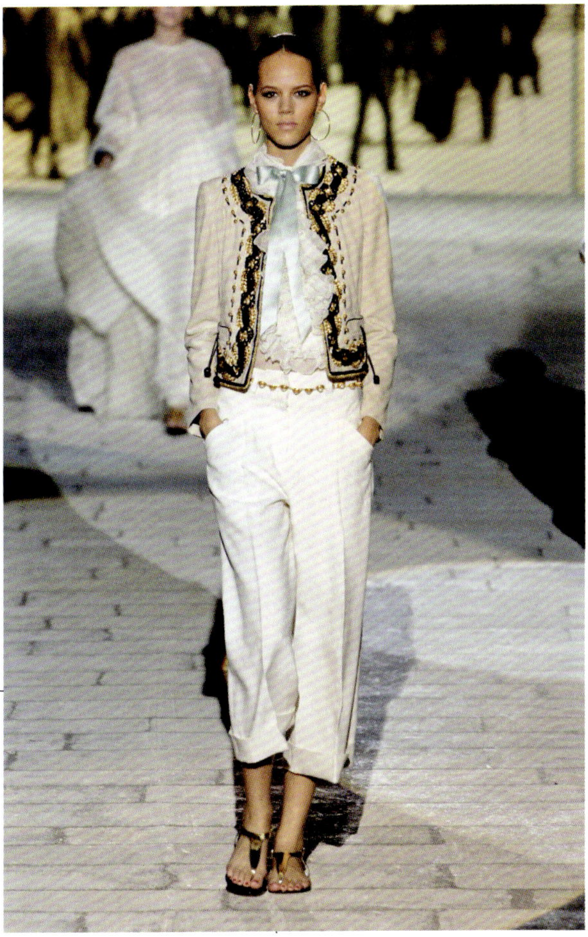

Roberto Cavalli

Frühling/Sommer

2005/2006

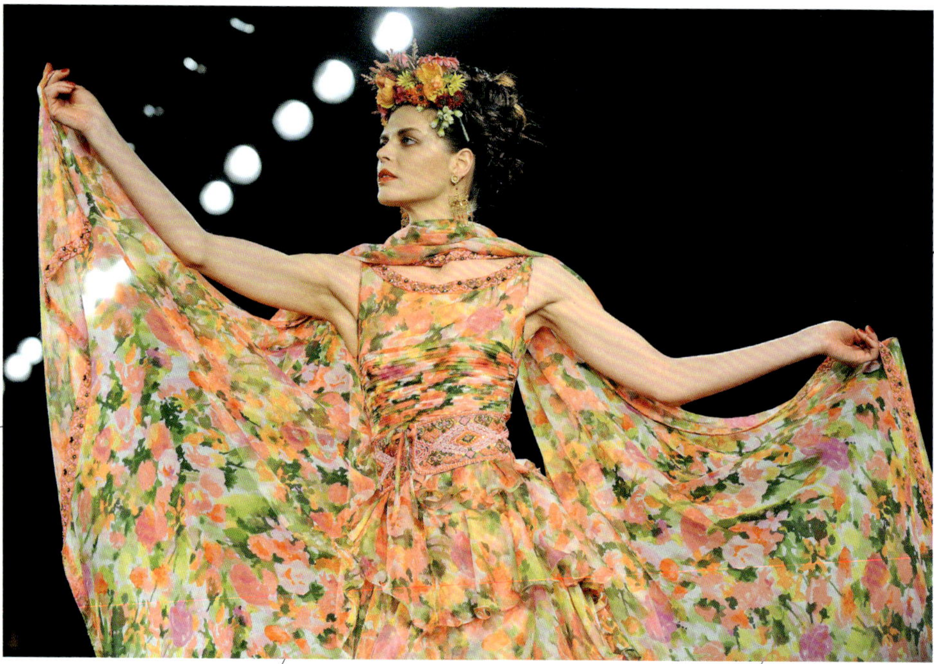

Raffaella Curiel

Frühling/Sommer

2008

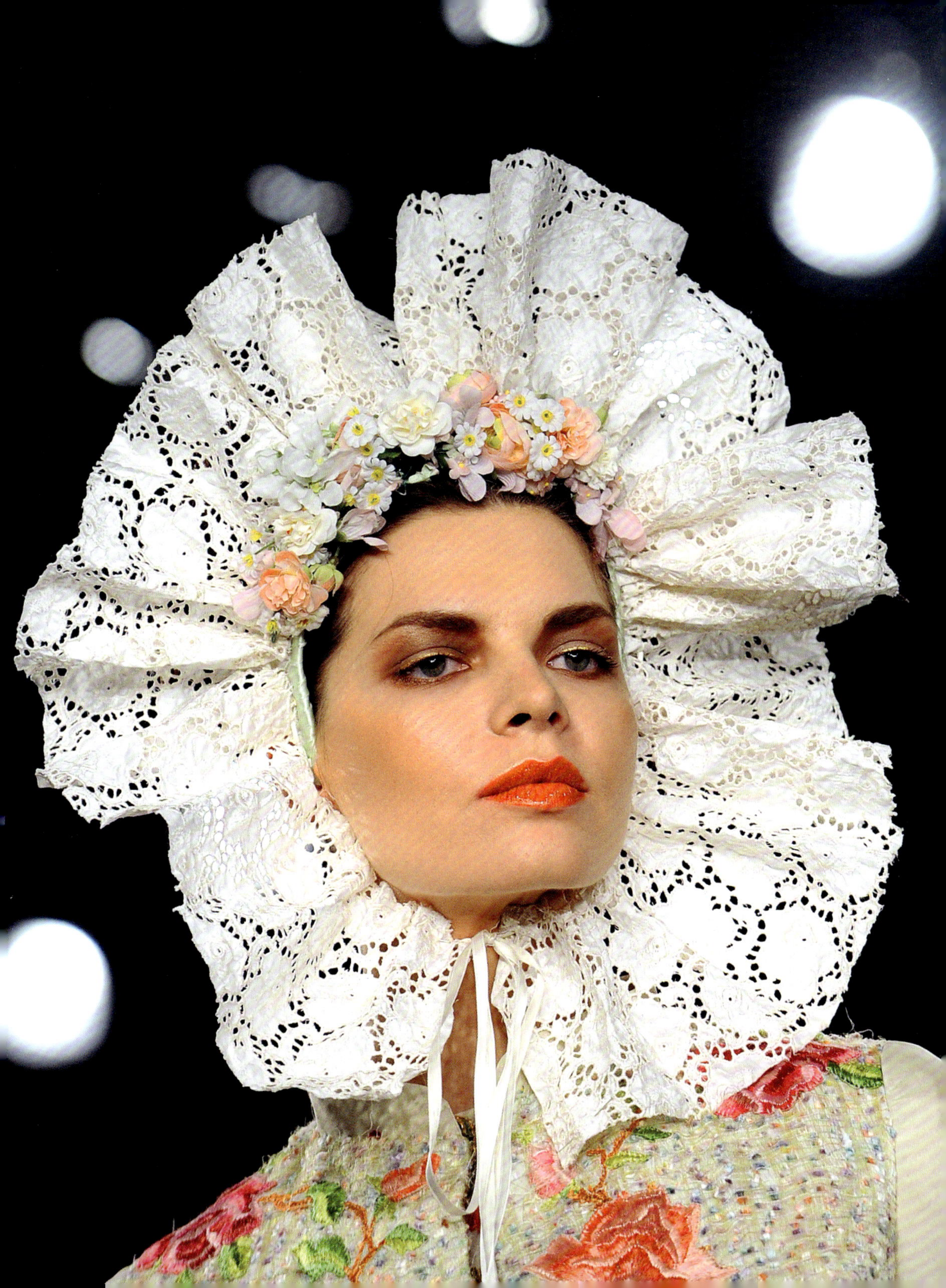

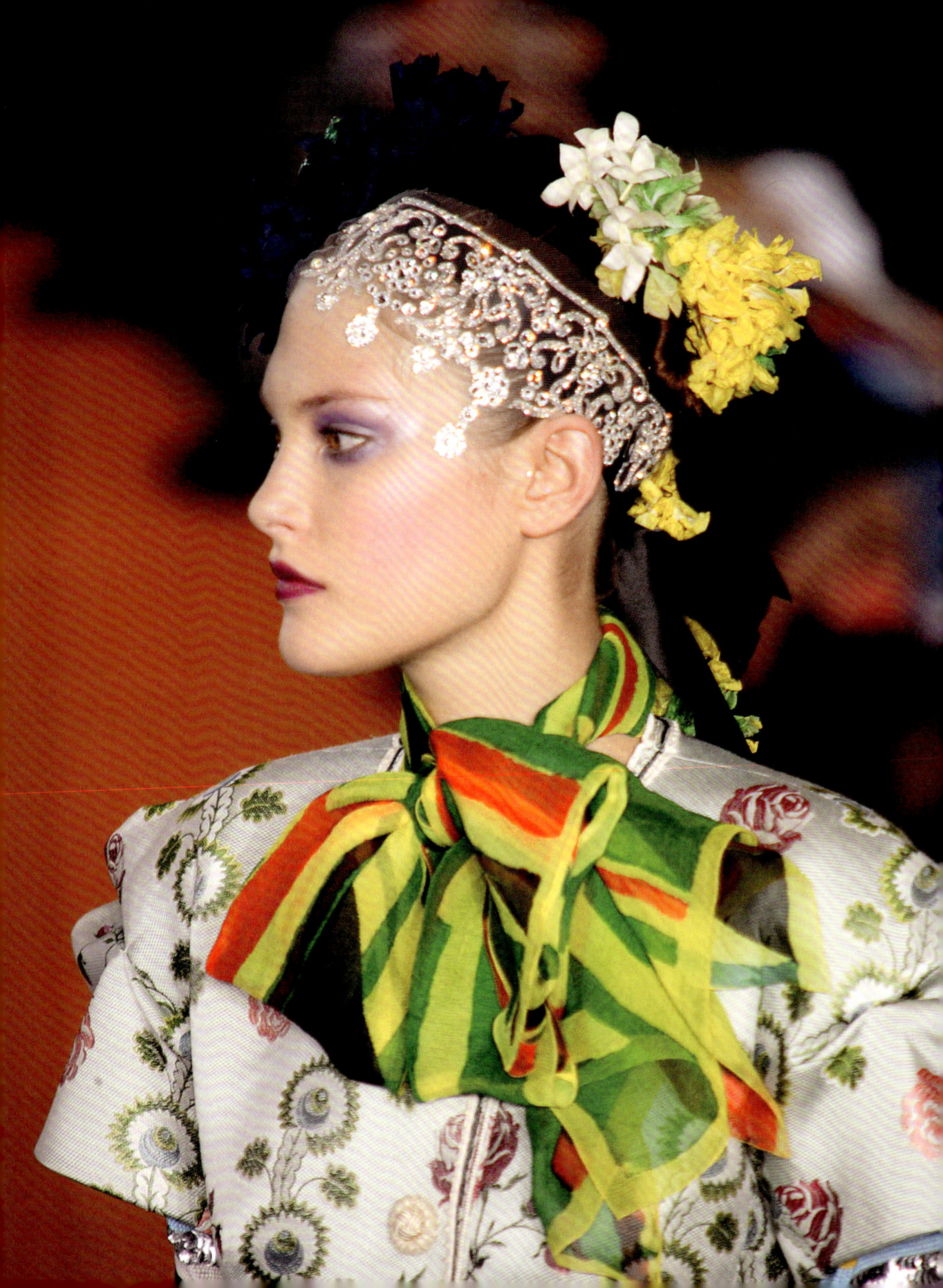

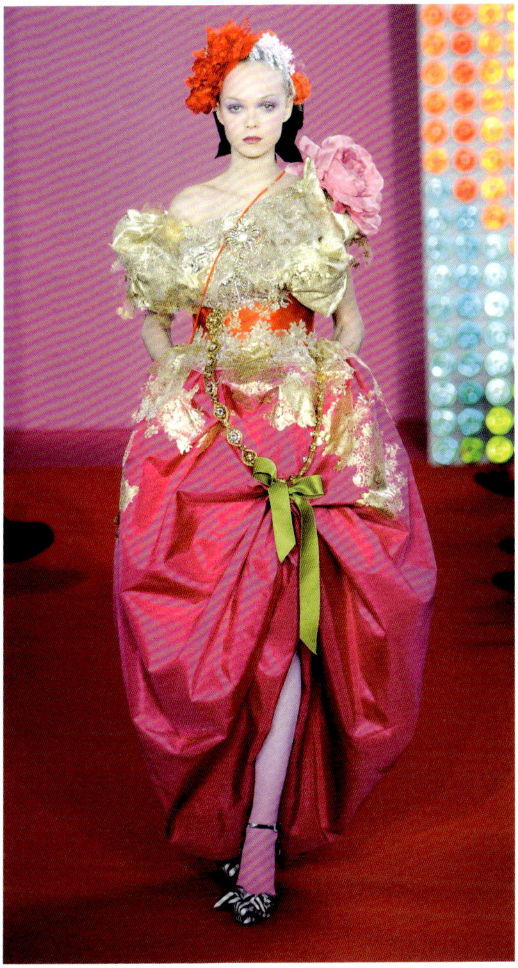

Christian Lacroix

Frühling/Sommer

2008

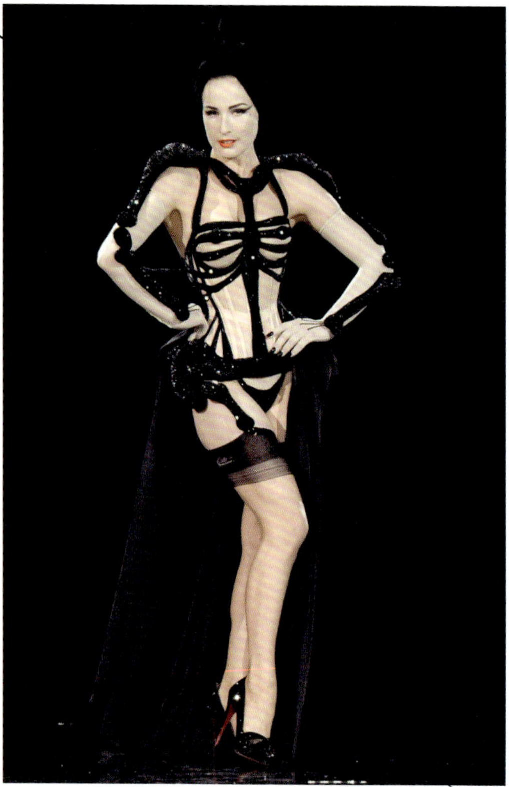

Dita Von Teese läuft für Jean Paul Gaultier

Frühling/Sommer

2008

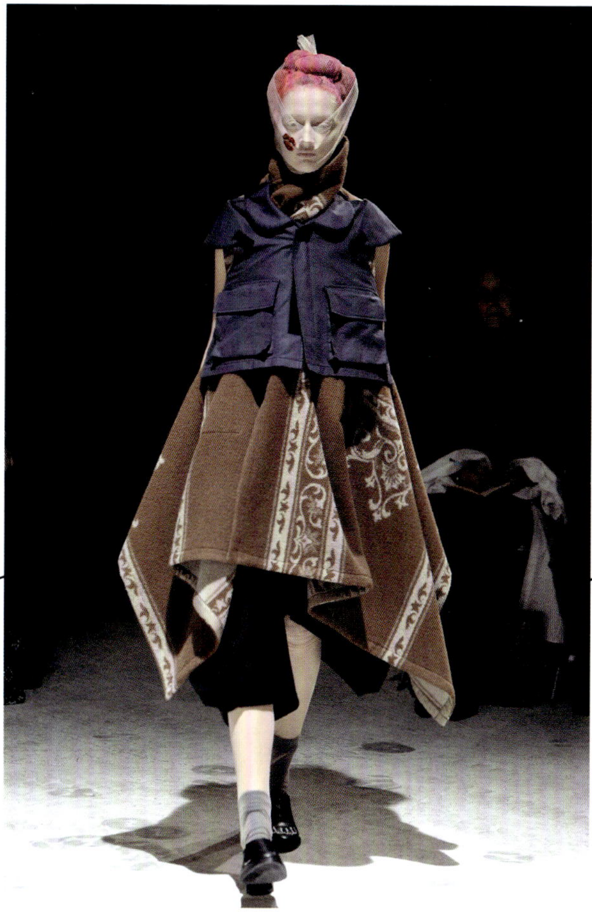

Comme des Garçons by Tao Kurihara

Herbst/Winter

2009

Givenchy by Riccardo Tisci

Herbst/Winter

2010/2011

DSquared2

Herbst/Winter

2010/2011

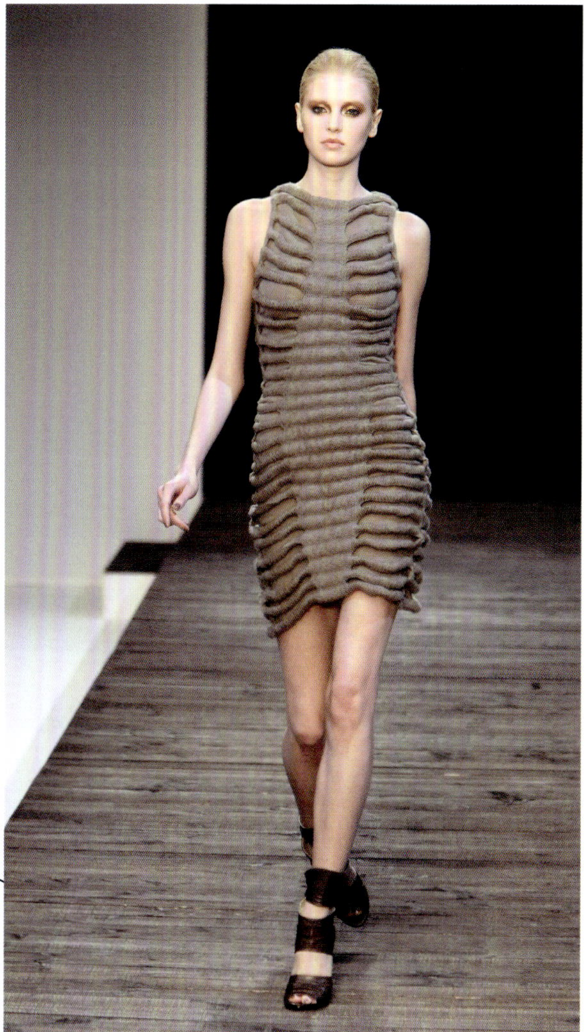

Guy Laroche

Herbst/Winter

2011

Just Cavalli

Frühling/Sommer

2011

Etro

Frühling/Sommer

2011

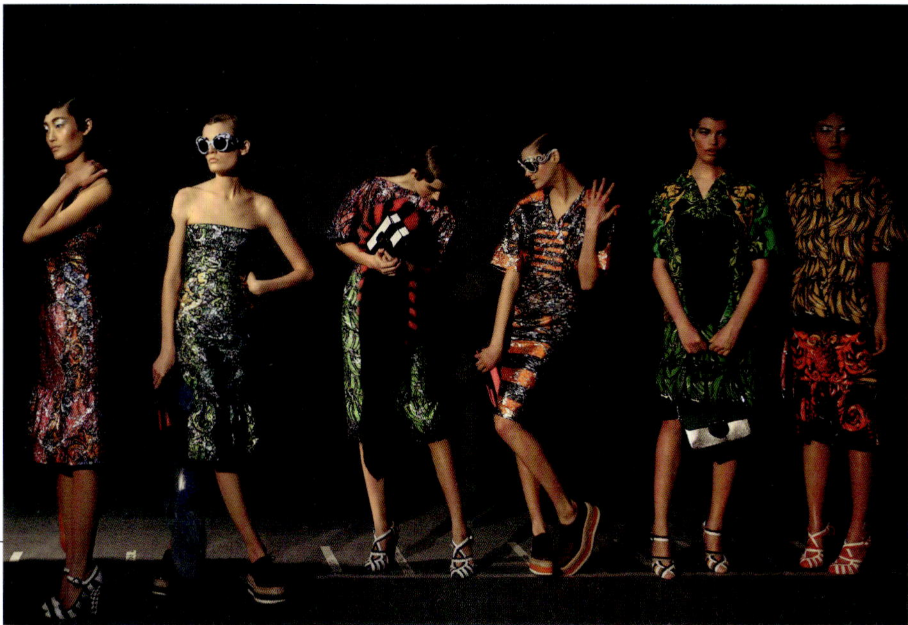

Prada

Frühling/Sommer

2011

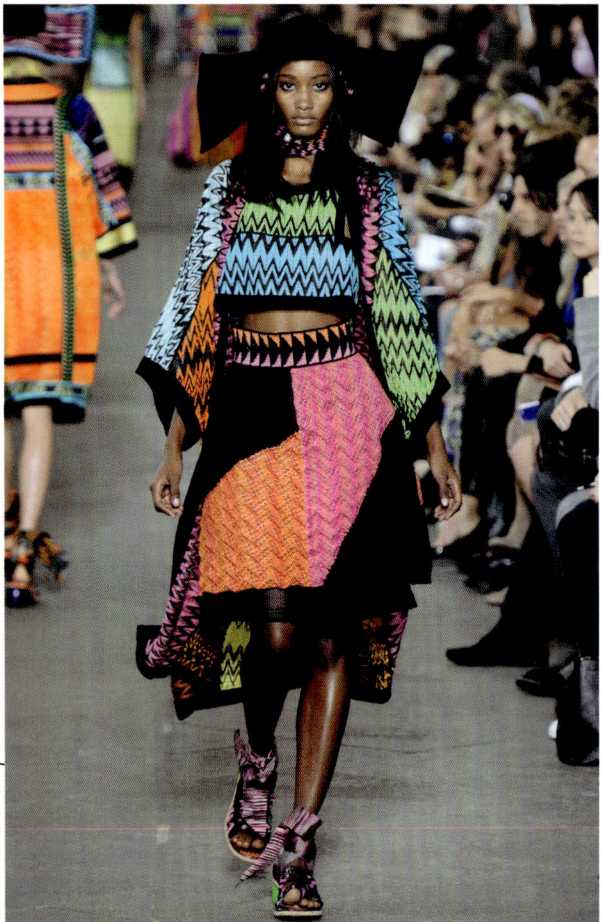

Missoni

Frühling/Sommer

2011

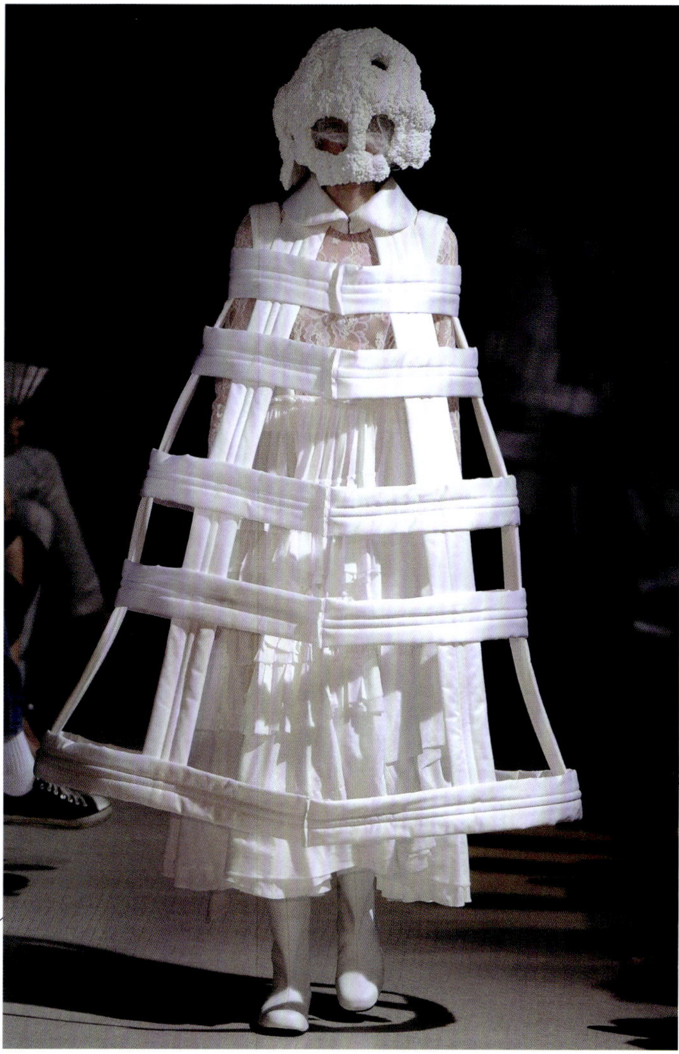

Comme des Garçons by
Rei Kawakubo
White Drama
Frühling/Sommer

2012

BCBG by Max Azria

Frühling/Sommer

2012

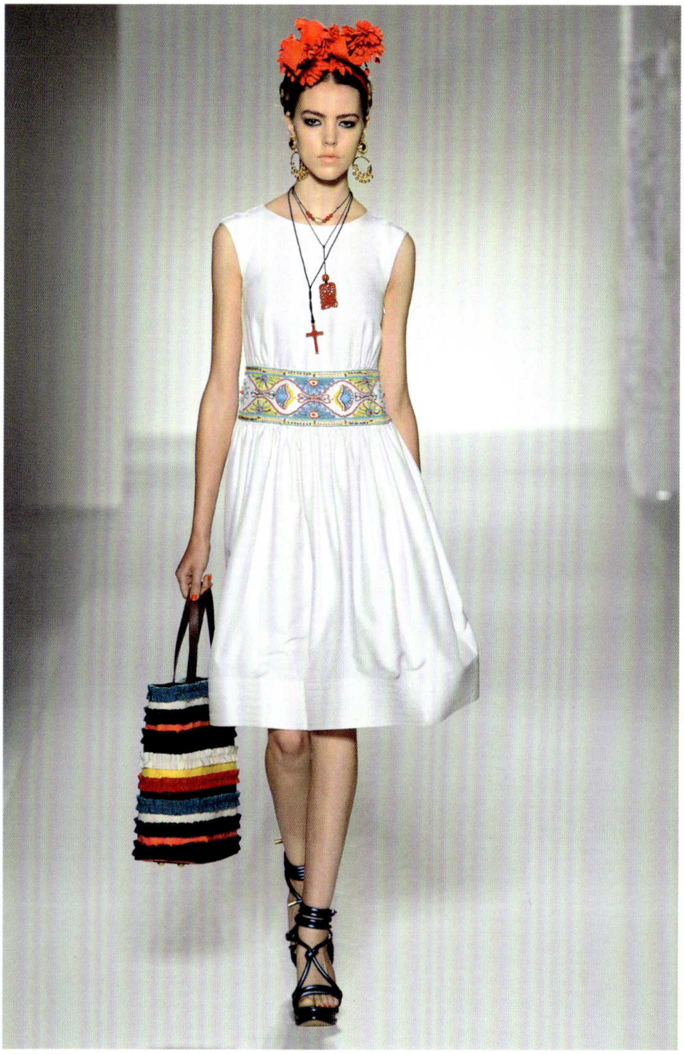

Moschino

Frühling/Sommer

2012

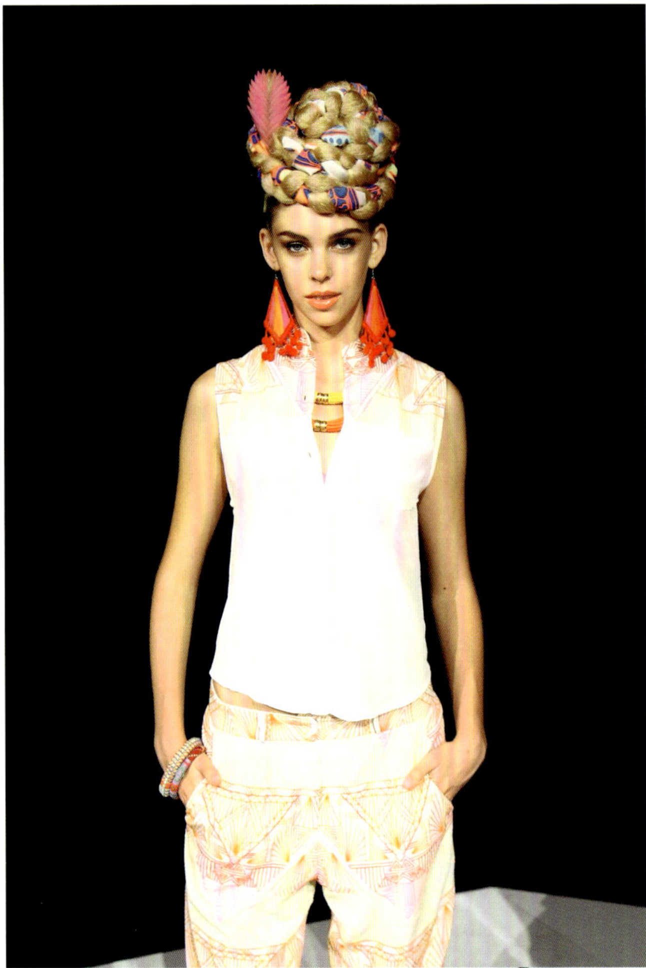

Mara Hoffman

Frühling/Sommer

2012

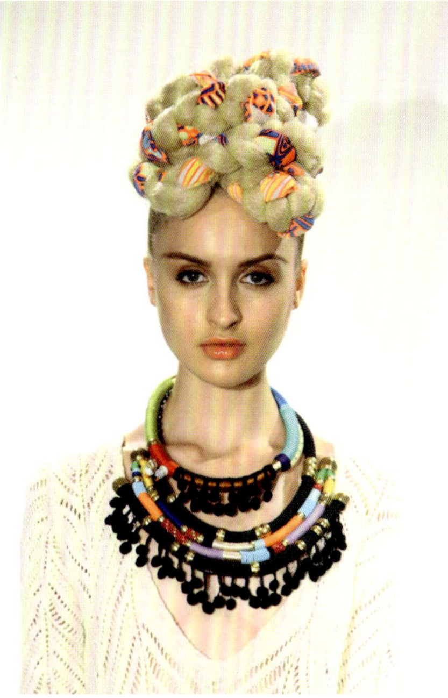
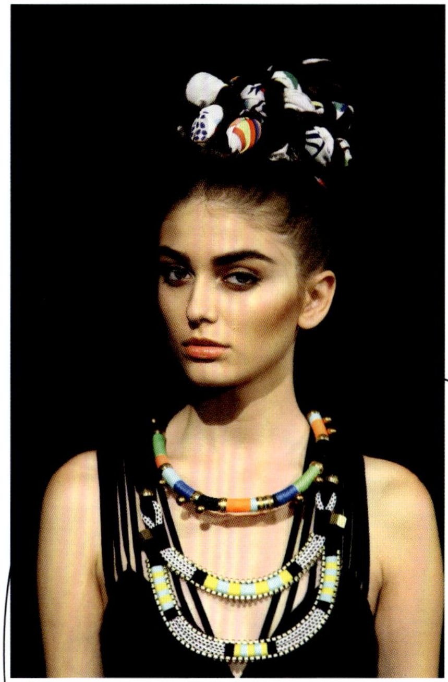
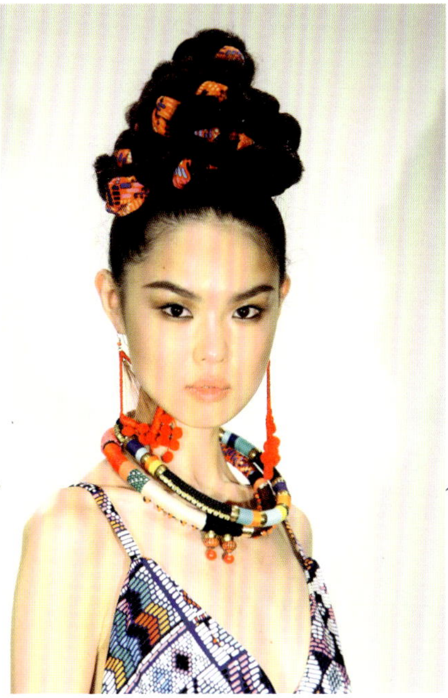
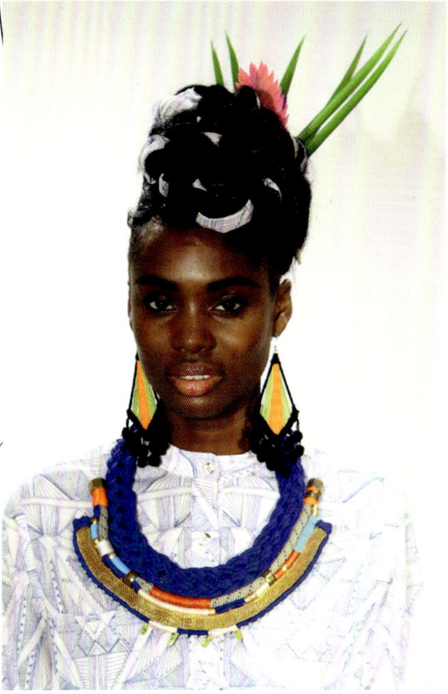

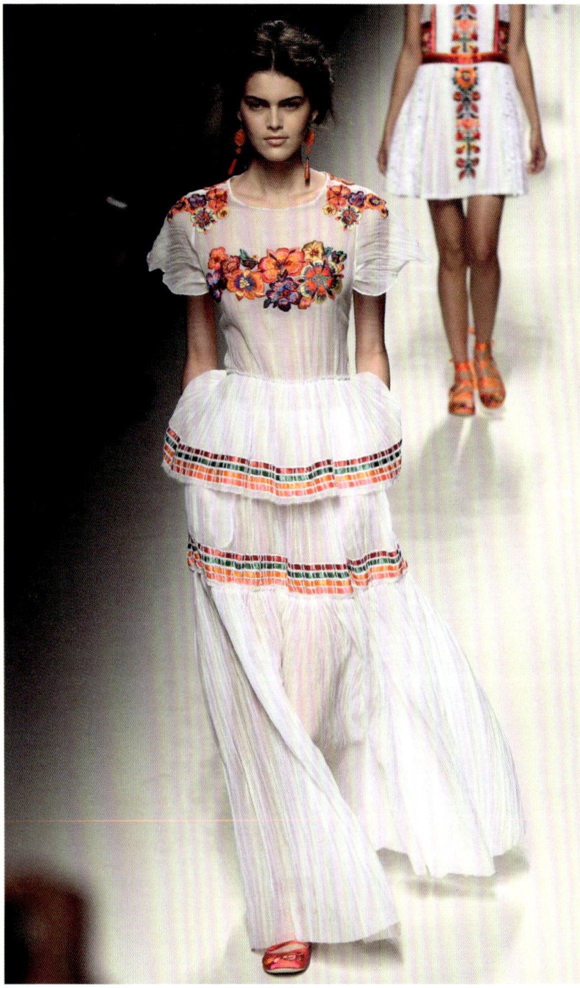

Alberta Ferretti

Frühling/Sommer

2014

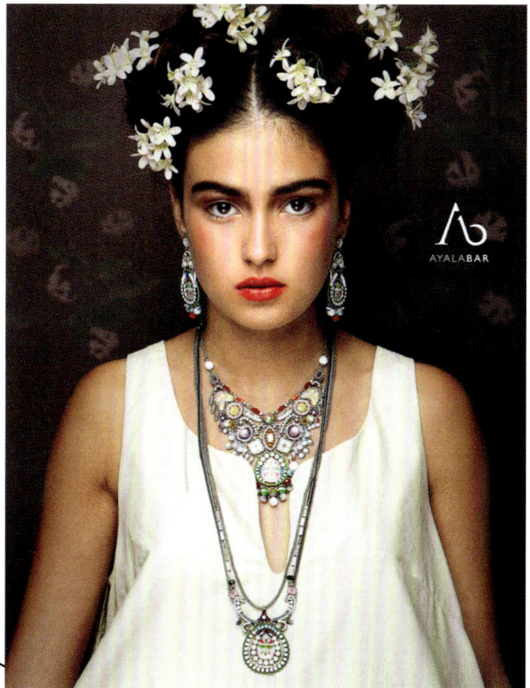

Ayala Bar
Classic Collection
Frühling/Sommer

2014

Valentino

Frühling/Sommer

2015

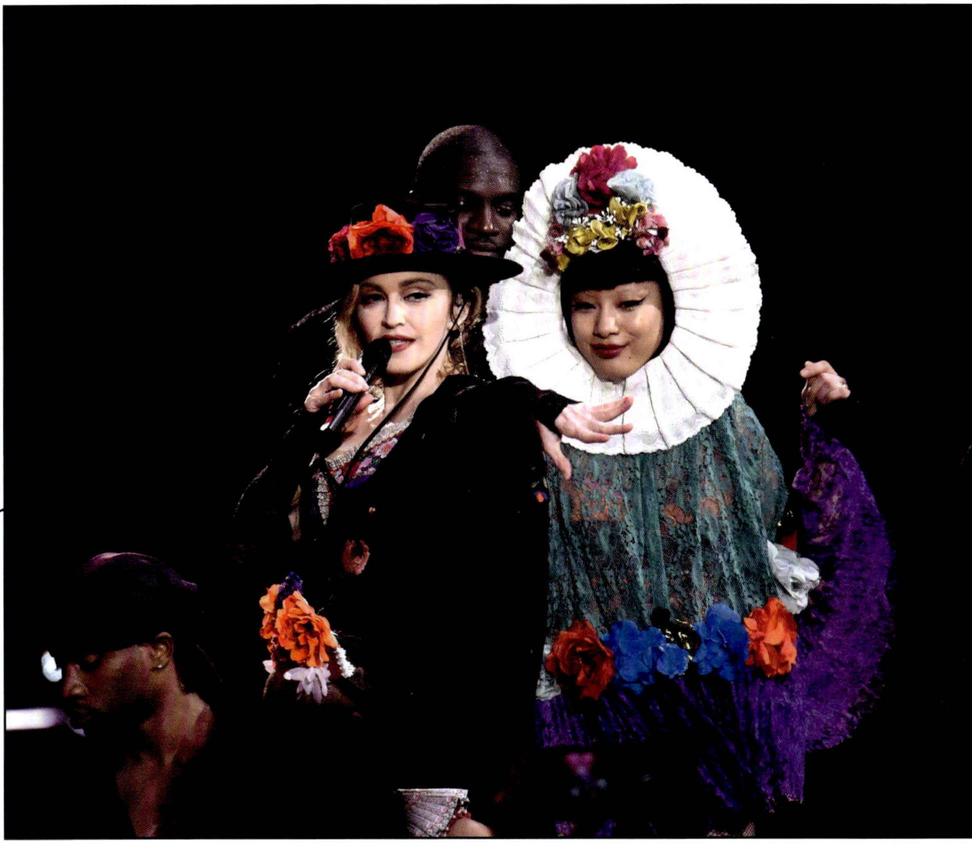

Gucci
(Alessandro Michele)
Madonna auf der Bühne bei ihrer
»Rebel Heart«-Tour

2015

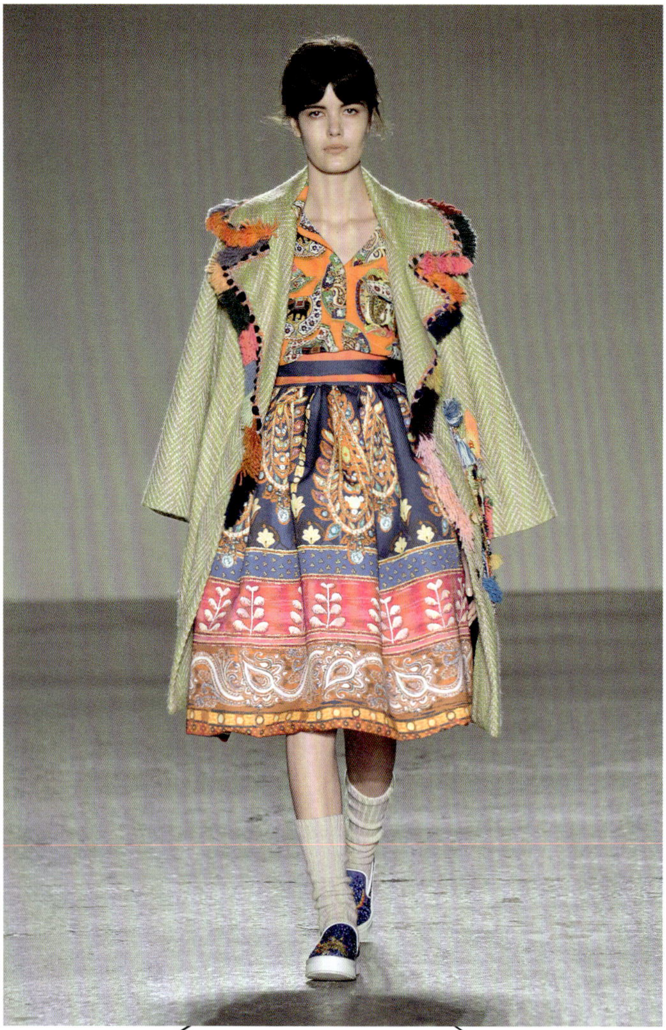

Stella Jean

Herbst/Winter

2015

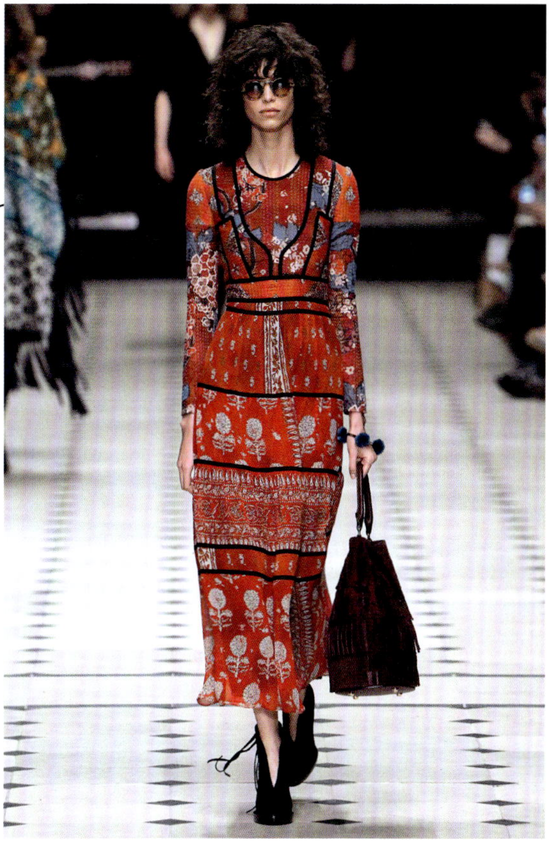

Burberry Prorsum
Herbst/Winter

2015

Miu Miu
Herbst/Winter

2015/2016

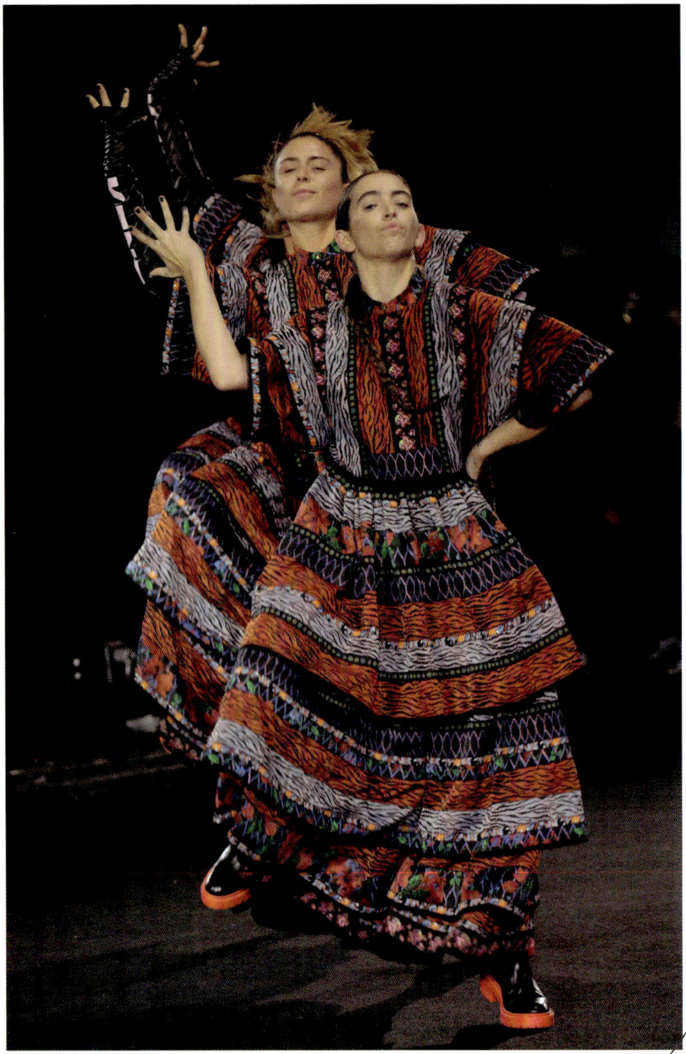

H&M by Kenzo

Herbst/Winter

2016

Letizia Ferrari
T Bag, Frida Collection
Herbst/Winter

2016

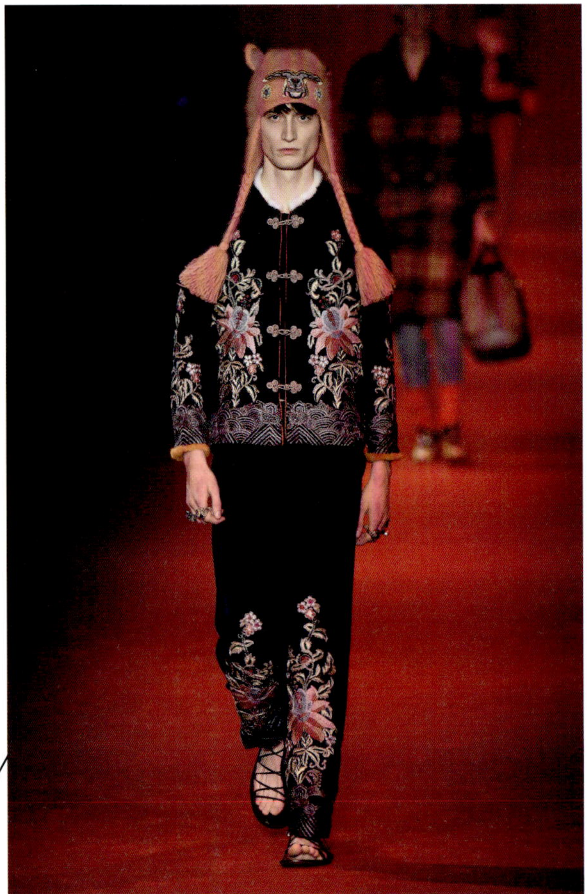

Gucci

Herbst/Winter

2017

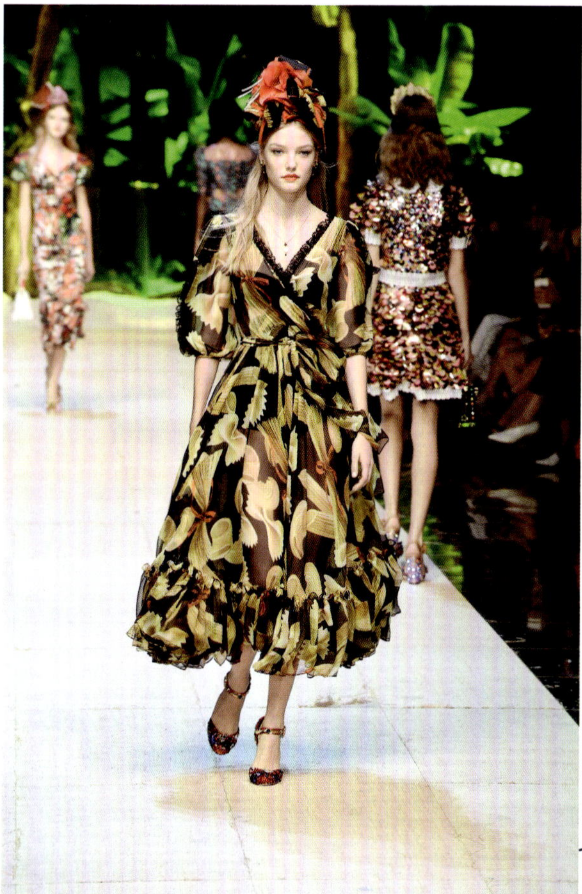

Dolce & Gabbana

Frühling/Sommer

2017

Isabel Marant

Herbst/Winter

2017/2018

Simone Marulli

Capsule Collection

Frühling/Sommer

2018

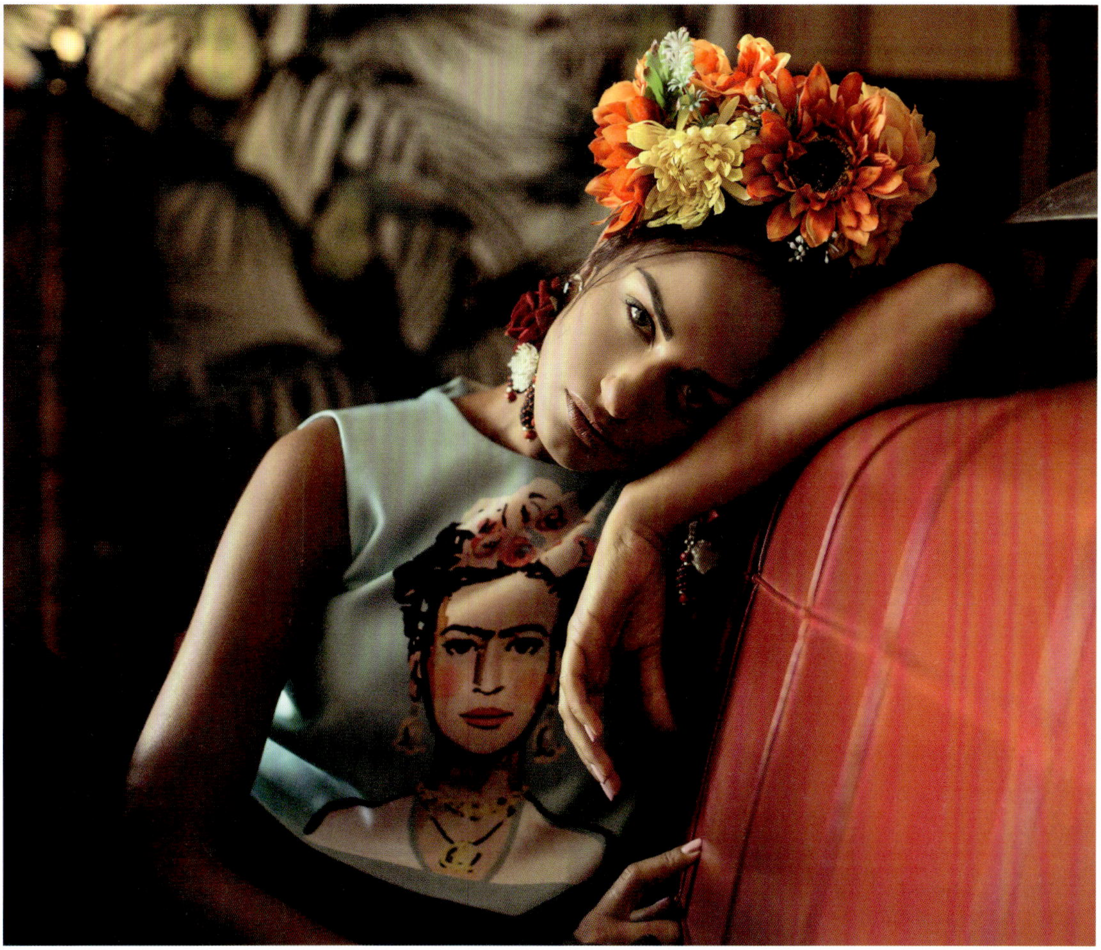

Giada Curti

Frühling/Sommer

2018

Frida
beeinflusst weiterhin
die Mode,
und nicht nur das …

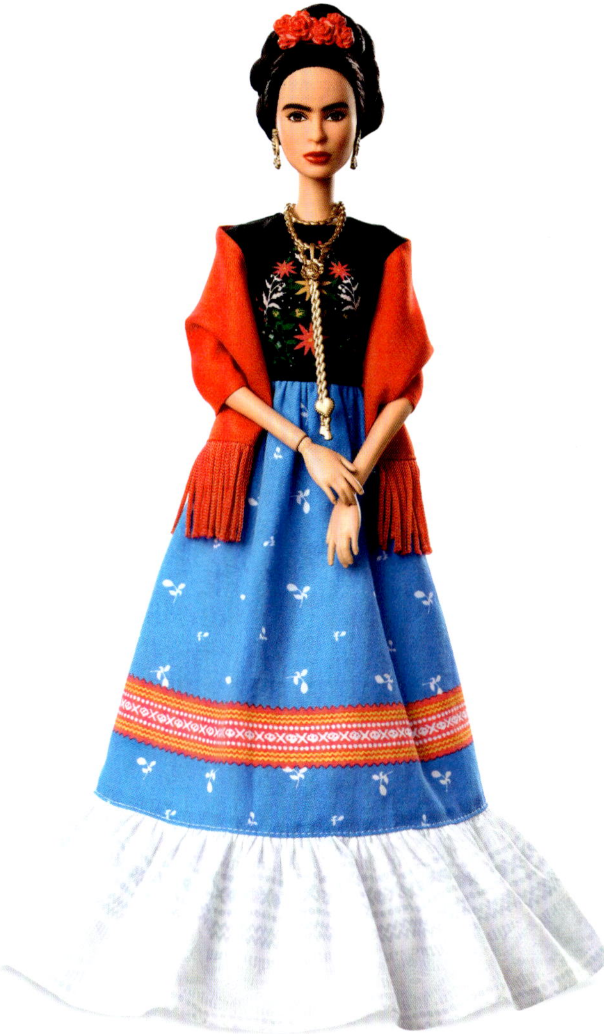

Barbie® Inspiring Women™
»Frida Kahlo«-Puppe, 2018

2018

Frida ist von einigen der bedeutendsten Fotografen ihrer Zeit abgelichtet worden

Nickolas Muray – New York 1938, Coyoacán 1939 (hier trägt Frida handförmige Ohrringe, die Picasso entworfen hat), Coyoacán 1941, San Angel 1941, New York 1946

Julien Levy – 1938 New York

Bernard G. Silberstein – 1939, 1942, 1943 Coyoacán

Imogen Cunningham – 1931 San Francisco

Lucienne Bloch – 1932 Mexico, 1933, 1935, 1939 New York

Carl Van Vechten – 1932

Toni Frissell – 1937 (für die amerikanische *Vogue*)

Martin Munkácsi – 1934

Edward Weston – 1930

Tina Modotti – 1928–1929

Gisèle Freund – 1950–1952 Coyoacán

Leo Matiz – 1941–1943 Coyoacán

Lola Alvarez Bravo – 1944 Coyoacán

Guillermo Dávila – 1929 Coyoacán

Fritz Henle – 1936, 1939, 1943 Coyoacán

Emmy Lou Packard – 1941 Coyoacán

Florence Arquin – 1941 Chicago, 1950 Coyoacán

Juan Guzman – 1950 Mexico City

Manuel e Lola Avarez Bravo – 1944, 1954

Referenzbibliografie

»Lust for Lamè«, in der amerikanischen *Vogue,* 1. Oktober 1936

Alice-Leone Moats, »Señoras of Mexico« (Fotografie: Toni Frissell), in der amerikanischen *Vogue,* 1. Oktober 1937

Bertram D. Wolfe, »Rise of another Rivera«, in der amerikanischen *Vogue,* 1. November 1938

»Local Colour-Mexican«, in der amerikanischen *Vogue,* 15. Januar 1942

»Fashion Notes«, in *Time,* New York, 3. Mai 1948

Bambi, »Frida dice lo que sabe«, in *Excelsior* (Mexiko-Stadt), 15. Juni 1954

Hayden Herrera, *Frida, A Biography of Frida Kahlo,* New York 1983

Das Tagebuch von Frida Kahlo. Intimes Selbstporträt, Einleitung von Carlos Fuentes, Mailand 1995

Frida Kahlo (»Mariacarla Boscono photographed by Nathaniel Goldberg«), in *Harper's Bazaar USA,* November 2001

Madeleine Lenke, *An Inner Dialogue with Frida Kahlo* (photographs by Yasumasa Morimura, 2001), in *Style Montecarlo,* Herbst 2003

N. Ugalde Gómez, J. R. Coronel Rivera, *Frida Kahlo: La metamorfosis de la imagen. The metamorphosis of the Image. La Selva de su Vestidos. Los Judas de sus Venas. The Forest of Images,* Katalog zur Ausstellung, Mexiko-Stadt 2004

J. Oles und O., *Frida Kahlo: Her Photos,* Mexiko-Stadt 2010

Claudia Schiffer als Frida Kahlo (Fotografie: Karl Lagerfeld), in der deutschen *Vogue,* März 2010

AA. VV., »Las Apariencias Engañan«, Beilage der mexikanischen *Vogue,* November 2012

Massimiliano Capella, »Tutto il Messico sulle spalle«, in *Il Giornale dell'Arte* Nr. 344, Juli 2014

»Sweet romance« (Ariel Lin als Frida Kahlo, Fotografie: Sherri Hill), in *ELLE* Taiwan, September 2015

Susana Martínez Vidal, *Frida Kahlo: Fashion as the Art of Being,* New York 2016

P. Bertola, V. Linfante, *L'identità vestita. Frida Kahlo e la moda, in La Collezione Gelman: arte messicana del XX secolo. Frida Kahlo, Diego Rivera, Rufino Tamayo, María Izquierdo, David Alfaro Siqueiros, Ángel Zárraga,* Katalog zur Ausstellung, herausgegeben von Gioia Mori, S. 58–79, Mailand 2016

Ellie Violet Bramley, *Frida Kahlo: feminist, selfiequeen, queer icon and style muse of 2017,* in *The Guardian,* 29. Oktober 2017

Bildreferenzen

Getty Images: Jam Media/Jaime Lopez S. 2–3; Keystone-France/Gamma-Keystone S. 10–11; Bettmann S. 12, 20, 24, 34, 37, 46, 51, 53, 57, 63, 66; Fredrich Baker/Condé Nast S. 22–23; OFF/AFP/Getty Images S. 26; Edward Steichen/Condé Nast S. 33; Horst P. Horst/Conde Nast S. 38; Hulton-Deutsch Collection/Corbis S. 41; SSPL/Getty Images S. 45; Ivan Dmitri/Michael Ochs Archives/Getty Images S. 54, 68; DeAgostini/Getty Images S. 71; Graphic House/Getty Images S. 75; Christopher Furlong/Getty Images S. 88–89; Pierre Vauthey/Sygma/Sygma S. 94; Laurent VAN DER STOCKT/Gamma-Rapho S. 95; Daniel SIMON/Gamma-Rapho S. 96–97, 99; Giuseppe Cacace/Getty Images S. 100–101; FILIPPO MONTEFORTE/AFP/Getty Images S. 102; Karl Prouse/Catwalking/Getty Images S. 103, 114; FILIPPO MONTEFORTE/AFP/Getty Images S. 104–105; Antonio de Moraes Barros Filho/WireImage S. 106, 120; Chris Moore/Catwalking/Getty Images S. 107, 109, 115; Karl Prouse/Catwalking/Getty Images S. 108; Victor Boyko/Getty Images S. 111; Feng Li/WireImage for Prada S. 113; Daniele Schiavello/Catwalking/Getty Images S. 117; Neilson Barnard/Getty Images S. 118–119; Kevin Mazur/Getty Images S. 123; Catwalking/Getty Images S. 124, 129; Victor VIRGILE/Gamma-Rapho S. 125; Randy Brooke/FilmMagic S. 126; Pietro D'aprano/Getty Images S. 128.

Library of Congress, Prints & Photographs Division, Toni Frissell Collection S. 19, 72; Mondadori PORTFOLIO/AKG Images S. 29; ©Nickolas Muray Photo Archives S. 58; ©2018 Imogen Cunningham Trust. Alle Rechte vorbehalten. S. 61; Bernard Silberstein/Bridgeman Images S. 65; ©Lucienne Bloch S. 76; Tina Modotti / ©Galerie Bilderwelt / The Bridgeman Art Library S. 81; ©Giorgio Di Sant'Angelo S. 92; ©Mila Schön S. 93; Ayala Bar S. 121; ©Riccardo Lancia/Giada Curti S. 131; ©2017 Mattel. Alle Rechte vorbehalten. S. 133.

Der Verlag entschuldigt sich für eventuell nicht berücksichtigte Urheberrechte und steht selbstverständlich für die Klärung allfälliger Ansprüche der Rechteinhaber zur Verfügung.

*Der Autor dankt Clara Pellegris
für die Mitarbeit an diesem Band.
Ein besonderer Dank geht an Luisa Bianchi
und an alle, die dafür gesorgt haben, dass es jeden Tag
weitergeht:
Alessandro Botturi, Yvonne Vincoli, Ettore Capella,
Cristina Capella, Eleonora Fezzardi, Edoardo Fezzardi,
Fiorenzo Savoldi, Claudia Zola, Rossella Nazionale,
Emiliano Soregotti, Raffaella Fontanarossa,
Massimo Marcomini, Caterina Borghi,
Linda Viapiana, Sara Marzocchi.*

*Abschließend möchte ich Frida und allen Frauen danken,
allen meinen Frauen auf der Erde und in den Lüften.
Italia, Maria, Gina, Giovanna, Ottilia, Carmen, Franca:
denn, wie Groucho Marx uns lehrte, im Grunde
»sind Männer nur Frauen, die es nicht geschafft haben«.*

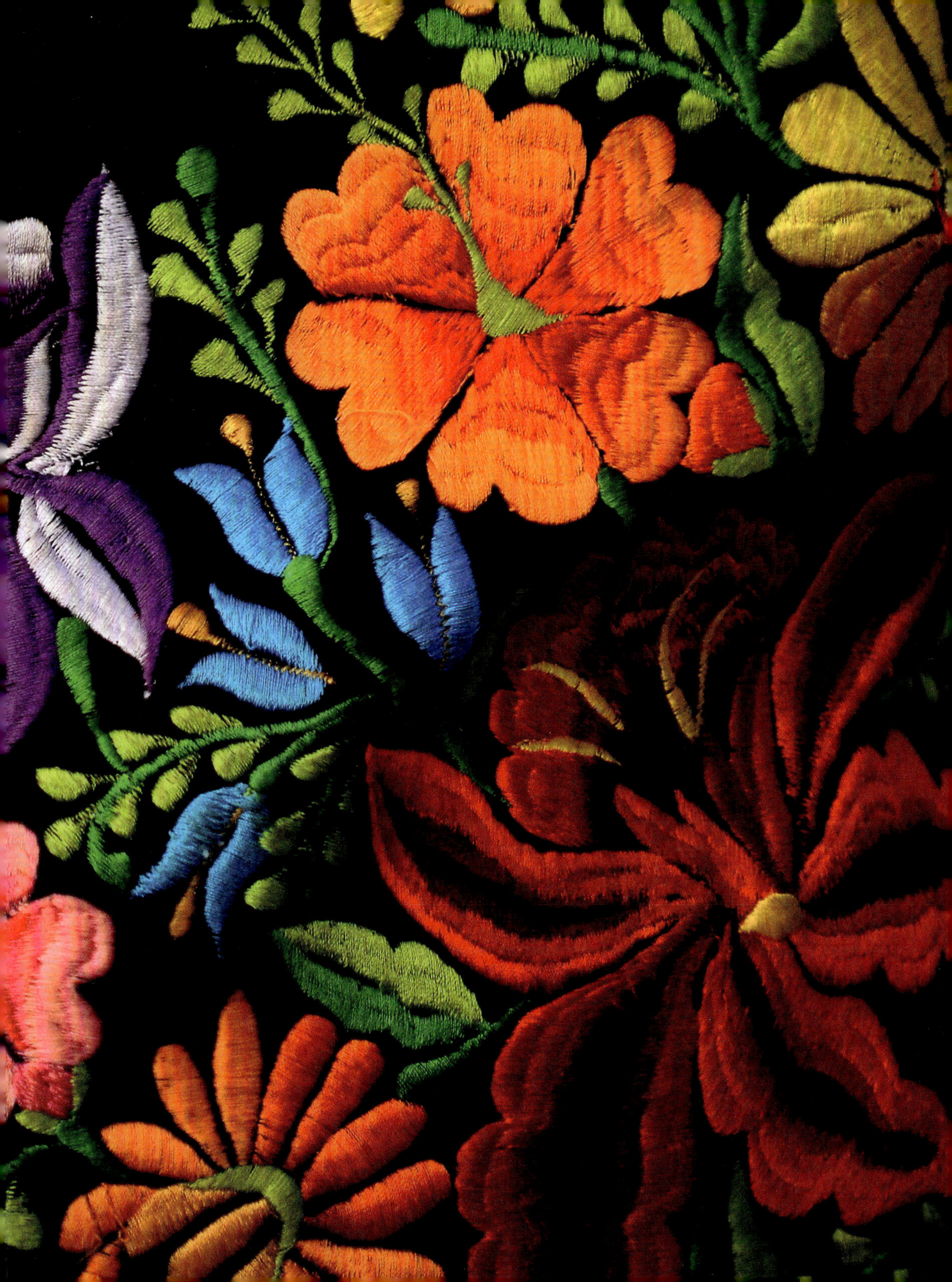